CHECK&STRIPE

COLOUR BOOK

Pink   Green

...   ...

Yellow   Blue

...

White

ロンドンの街を歩いていて心に残る色。

エルダーフラワーの白い花。

雑貨屋さんの紙袋のピンクのストライプ。

ホワイトセージの淡いグリーン。

イングリッシュブレックファーストのたまごの色。

アンティークのブルーのマグや青い表紙の本。

この本では　長年愛されてきた「ロンドンの色」を色別にまとめ、

布に表現し、洋服をデザインしました。

ソーイングテーブルに布を広げるとき、

時間をかけて作った洋服に袖を通すとき、

そんな色の情景をイメージして、

お裁縫を楽しんでいただけたら……と思います。

CHAPTER : PINK　　　　　　　　　　　　　　　　　　　　　　　　　　　　　　　　　*How to make*

a.1　　後ろリボンのパフブラウス ………………………… 7　　　　　　58

b.1　　後ろゴムのギャザードレス ………………………… 8, 28　　　　62

c.　　子ども 後ろゴムのギャザーサロペット ………… 12　　　　　63

d.　　子ども ギャザースリーブのワンピース ………… 13　　　　　94

e.1　　小さめフリルトート …………………………… 13　　　　　64

f.1　　ローズガーデンのブラウス ………………………… 14　　　　　66

g.1　　シンプルテーパードパンツ ………………… 14, 19, 39, 45　　68

e.2　　大きめフリルトート …………………………… 15　　　　　64

CHAPTER : GREEN　　　　　　　　　　　　　　　　　　　　　　　　　　　　　　　　*How to make*

h.　　お花とチェックのパッチワーククロス ………… 17　　　　　70

f.2　　ホワイトセージのブラウス ………………………… 18　　　　　72

i.1　　ハイウエストのギャザーワンピース …………… 22　　　　　76

j.1　　ブリティッシュコート ………………………… 24, 10　　　74

CHAPTER : YELLOW　　　　　　　　　　　　　　　　　　　　　　　　　　　　　　　*How to make*

f.3　　シンプルドルマンブラウス ……………………… 28　　　　　82

k.　　くまのぬいぐるみ ……………………………… 30　　　　　84

g.2　　シンプルキュロット …………………………… 31　　　　　68

l.1　　ギャザースリーブのブラウス ………………… 32, 39　　　86

m.　　ギャザーのバルーンスカート ………………… 33, 7　　　　79

a.2　　フロントリボンのパフブラウス ……………… 34　　　　　88

CHAPTER：BLUE   *How to make*

*l.*2   ギャザースリーブのワンピース ………………………… 37   92

n.   フラワーブーケのバッグ ………………………………… 39   90

*o.*1   チャイナジャケット ……………………………………… 40   95

*b.*2   後ろゴムのギャザーサロペット …………………………… 41   98

*o.*2   キルティングジャケット ………………………………… 42   104

CHAPTER：WHITE   *How to make*

*j.*2   ブリティッシュジャケット ……………………………… 45   101

p.   カシミヤストール ………………………………………… 47

*i.*2   ハイウエストのギャザーブラウス ……………………… 48   76

q.   ティーコゼ ………………………………………………… 49   106

r.   ポットマット ……………………………………………… 49   106

s.   子ども ハイウエストのギャザーワンピース …… 50   78

t.   子ども パフスリーブのブラウス……………………… 51   61

INDEX ……………………… 52

FABRICS ……………………… 54

SHOP LIST ……………………… 56

BASIC TECHNIQUES ………… 109

CHAPTER:

PINK

To eat a treat of an Eton mess

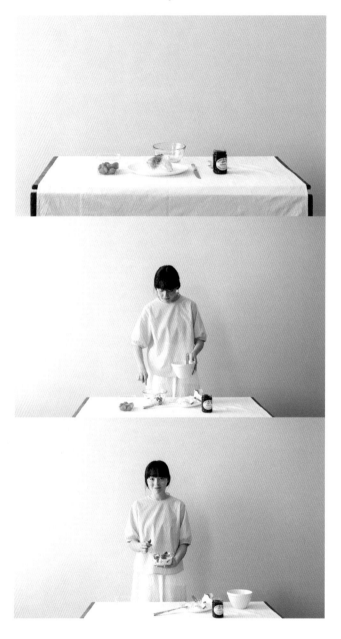

*a.*1 後ろリボンのパフブラウス　*How to make p.*58

ゆとりを持たせたブラウスにゆったりとしたパフスリーブ。
後ろをリボンで結んで大人のかわいらしさを表現しました。
やさしく淡いピンクのコットンで。

m. ギャザーのバルーンスカート *See p.*33

b.1 後ろゴムのギャザードレス　*How to make p.*62

ゴムを使ったギャザーがふんわり感を出してくれるリバティ
プリントの小花柄のワンピース。41ページにはサロペット
バージョンも。

c.

c. 後ろゴムのギャザーサロペット *How to make p.* 63

ふんわりとしたシルエットがかわいいサロペット。ピンクの
花が愛らしいリバティプリントで。

d. and e.

d. ギャザースリーブのワンピース　*How to make p.*94

ふんわりとした袖がかわいいワンピース。洋服ごとお菓子
になってしまったようなピンクのコーディネート。ピンクのメ
レンゲを頭に乗せて。

e.1 小さめフリルトート　*How to make p.*64

ロマンティックなピンクの淡いリバティプリントで作った絵
本バッグ。ピアノのレッスンやおけいこのときにいくつあっ
てもうれしいトートです。

f.1 ローズガーデンのブラウス *How to make p.* 66

28ページのシンプルなブラウスの衿の部分にフリルをつけて。淡いピンクの光沢のあるコットンシルクの布を選びました。

g.1 シンプルテーパードパンツ *How to make p.* 68

ゆったりとしたシルエットなのに、すっきり見える形にこだわりました。布を替えて、四季を通じて使えるデザインです。

*e.*2 大きめフリルトート　*How to make p.*64

13ページの小さめフリルトートを大きくしてたっぷり入るサイズに。花の香りがするようなピンクのリバティプリントで作りました。控えめなフリルで、甘さを添えて。

GREEN

h. お花とチェックのパッチワーククロス　*How to make p.* 70

リバティプリントやチェック、ストライプを組み合わせて作った大きめ
のクロスはハーブの香りがしそうなグリーン系のパッチワーク。テー
ブルクロスだけでなく、マルチカバーに。

f.2 ホワイトセージのブラウス   *How to make p.* 72

ごく淡いグリーンの色のコットンで胸もとにたくさんのフリ
ルを施したデザイン。可憐な華やかさのある一枚です。

f. and g.

Dear Dawn

One month after date I promise to send

One hundred bunch of White Sage to you.

Dark Night

g.1 シンプルテーパードパンツ See p.14

*i.*1 ハイウエストのギャザーワンピース *How to make p.* 76

胸もとにたっぷりのギャザーを入れたワンピース。肩がすっ
と落ちて着こなしやすいデザインです。小花柄のリバティ
プリントで軽やかに。

*j.*1 ブリティッシュコート   *How to make p.* 74

後ろ身頃のタックがゆとりを持たせてくれるコート。英国の
定番のようにシンプルにデザインしました。丸衿で女の子ら
しさをプラス。

*i.*1 ハイウエストのギャザーワンピース   *See p.*22

j. and *i.*

hide a green thumb and seek a green coat

CHAPTER:

YELLOW

*f.*3 シンプルドルマンブラウス　*How to make p.* 82

首もとがあきすぎないように、工夫したブラウス。シンプル
なデザインなので、イエローのブロックチェックが映えます。
少しゆとりを持たせた着心地のいい一枚。

*b.*1 後ろゴムのギャザードレス　*See p.* 8

k. くまのぬいぐるみ　*How to make p.*84

大人になっても大好きなくまのぬいぐるみ。あたたかくて、
手触りのいいウールの素材で作りました。てのひらから、あ
たたかさが伝わってきそう。

g.2 シンプルキュロット　*How to make p.*68

14ページのシンプルテーパードパンツを短くしてキュロット
に。涼しげでさわやかなイエローのリバティプリントで。

*l.*1 ギャザースリーブのブラウス   *How to make p.* 86

イエローの花びらを描いたリバティプリントのブラウス。袖
にギャザーを入れたことでふんわりしたシルエットが生まれ
ました。

m. ギャザーのバルーンスカート　*How to make p.* 79

ブラウンのハーフリネンで、少し裾をすぼめたシルエットの
スカート。カジュアルに着こなせて、作るのも簡単な一枚。

*a.*2 フロントリボンのパフブラウス   *How to make p.*88

7ページの後ろリボンのパフブラウスのパターンをアレンジ
して、ブラウスの裾にリボンを通してみました。イエローの
リバティプリントで明るいイメージを表現しました。

m. ギャザーのバルーンスカート *See p.*33

CHAPTER:

BLUE

l.2 ギャザースリーブのワンピース　*How to make p.*92

32ページのブラウスをワンピースにアレンジ。淡いブルー
の可憐なリバティプリントにネイビーのスニーカーをコー
ディネート。

l.2 ギャザースリーブのワンピース *See p.37*

n. and *g.* and *l.*

n. フラワーブーケのバッグ *How to make p.* 90

フラワーマーケットで見つけたブルーの花をブルーのストライプのバッグに入れて。

*g.*1 シンプルテーパードパンツ *See p.*14

*l.*1 ギャザースリーブのブラウス *See p.*32

o. and *b.*

o.1 チャイナジャケット *How to make p.* 95

少しシワ感のあるブルーのギンガムチェックで作りました。
ブラウスにも、ジャケットにもなる、作ってみたくなる一枚。

*b.*2 後ろゴムのギャザーサロペット　*How to make p.* 98

8ページのギャザードレスのパンツバージョンはダークブ
ルーのリネンで。体を包んでくれるようなシルエットが新鮮
です。

*o.*2 キルティングジャケット   *How to make p.*104

40ページのチャイナジャケットを少しアレンジ。シックなネイ
ビーのキルティングを使い、バイアステープで仕上げたジャケッ
ト。少し肌寒くなりはじめた季節に。

*l.*2 ギャザースリーブのワンピース   *See p.*37

CHAPTER:

WHITE

j. and g.

j.2 ブリティッシュジャケット   *How to make p.* 101

24ページのコートをアレンジしてジャケットに。清潔感のあるクリーンな白いコットンで。

g.1 シンプルテーパードパンツ *See p.* 14

p. and *j.*

p. カシミヤストール

チューブ状のカシミヤニットをカットしただけでストールに。
どんな色にも合う白をセレクトしました。

*i.*2 ハイウエストのギャザーブラウス *How to make p.* 76

22ページのワンピースを短くしてブラウスに。マッシュルー
ム色のコットンの布でやわらかな印象になりました。

*g.*1 シンプルテーパードパンツ *See p.* 14

q. ティーコゼ　*How to make p.* 106

ティーポットにたっぷり入れた紅茶が冷めないように、ポットにあたたかい帽子をかぶせましょう。あたためたミルクもたっぷりと用意して。

r. ポットマット　*How to make p.* 106

小さなポットのためのマット。テーブルの上があたたかくなるような白の世界。紅茶が先かミルクが先か……そんなかわいい討論をしながら過ごすティータイム。

***s.* ハイウエストのギャザーワンピース** *How to make p.* 78
白いコットンのワンピース。22ページのワンピースを子ども
サイズで作りました。

t. パフスリーブのブラウス　*How to make p.*61

7ページのブラウスを子どもサイズで作りました。レースの
刺繍のコットンで、白い花のシロップのように甘い一枚。

INDEX

TOPS

a.1
Look.............. 7
How to make.. 58
Pattern.......... side 1

a.2
Look.............. 34
How to make.. 88
Pattern.......... side 1

f.1
Look.............. 14
How to make.. 66
Pattern.......... side 1

f.2
Look.............. 18
How to make.. 72
Pattern.......... side 1

f.3
Look.............. 28
How to make.. 82
Pattern.......... side 1

l.1
Look....32,39   How to make....86   Pattern....side 3

i.2
Look.............. 48
How to make.. 76
Pattern.......... side 3

DRESSES/SALOPETTE

b.1
Look....8,28   How to make....62   Pattern....side 1

b.2
Look.............. 41
How to make.. 98
Pattern............ side 1

i.1
Look.............. 22
How to make.. 76
Pattern.......... side 3

l.2
Look.............. 37
How to make.. 92
Pattern.......... side 3

COATS

j.1
Look....10,24   How to make....74   Pattern....side 2

JACKETS

o.1
Look.............. 40
How to make.. 95
Pattern.......... side 3

o.2
Look.............. 42
How to make.. 104
Pattern.......... side 3

j.2
Look.............. 45
How to make.. 101
Pattern.......... side 2

BOTTOMS

g.1

Look....14,19,39,45 *How to make*....68 *Pattern*....side 2

g.2

Look..............31
How to make...68
Pattern..........side 2

m.

Look....7,33 *How to make*....79 *Pattern*....side 2

KIDS

c.

Look..............12
How to make..63
Pattern..........side 4

d.

Look..............13
How to make..94
Pattern..........side 4

s.

Look..............50
How to make..78
Pattern..........side 4

t.

Look..............51
How to make..61
Pattern..........side 4

BAGS

e.1

Look..............13
How to make..64

e.2

Look..............15
How to make..64

n.

Look..............39
How to make..90

GOODS

h.

Look..............17
How to make..70

k.

Look..............30
How to make..84
Pattern..........side 2

p.

Look....47

q.

Look................49
How to make..106
Pattern..........side 3

r.

Look................49
How to make..106
Pattern..........side 3

FABRICS

この本で使用した布

この本で使用した布をすべてご紹介します。C&SはCHECK&STRIPEの略です。

p.6 *a.1*
C&Sオリジナル
ドットミニヨン（ピンクラベンダー）

p.8 *b.1*
リバティプリント
Kensington Rose（Z ピンク系）

p.10 *j.1*
C&Sオリジナル
コットンパピエストライプ（スタンダードピンク・7mm幅）

p.12 *c.*, p.15 *e.2*
リバティプリント
Magdalena Posy（©J23C 白地にピンク系）

p.13 *d.*
C&Sオリジナル
コットンパピエギンガムチェック（スタンダードピンク・7mm幅）

p.13 *e.1*
C&Sオリジナル
海のブロード（グレイッシュピンク）

p.13 *e.1*
リバティプリント
Betsy（©J23K グレイッシュピンク系）

p.14 *f.1*
C&Sオリジナル
コットンシルクリンクル（さくらピンク）

p.14 *g.1*
C&Sオリジナル
カラーリネン（スタンダードピンク）

p.17 *h.*
C&Sオリジナル
海のブロード（ホワイト）

p.17 *h.*
C&Sオリジナル
コットンパピエギンガムチェック（グリーン）

p.17 *h.*
C&Sオリジナル
コットンパピエストライプ（グリーン）

p.17 *h.*
リバティプリント
Betsy（DE エメラルドグリーン系）

p.17 *h.*, p.22 *i.1*
リバティプリント
Katie and Millie（LFE グリーン系）

p.17 *h.*, p.19 *g.1*
リバティプリント
Chamomile Lawn（©J22C ブルーグリーン系）

p.17 *h.*
リバティプリント
Wilmslow Berry（©J22A ライトブルー・グリーン系）

p.18 *f.2*
C&Sオリジナル
海のブロード（ホワイトセージ）

p.24 *j.1*
C&S オリジナル
ボーイフレンドチノクロス（オリーブ）

p.28 *f.3*
C&Sオリジナル
洗いざらしのハーフリネンダンガリーブロックチェック小（ひよこ）

p.28 *b.1*
C&Sオリジナル
ギンガムチェック（きいろ）

CHECK&STRIPEではオリジナルの布を日本で作っています。産地などの詳しい布紹介は下記QRコードからご確認ください。

p.30 *k.*
C&Sオリジナル
ウールマフィーユ（オークベージュ）

p.31 *g.2*
リバティプリント
Poppy & Daisy（HE ピンク・ベージュ・マスタード系）

p.32 *l.1*
リバティプリント
Ros（◎J21C イエロー系）

p.33 *m.*
C&Sオリジナル
洗いざらしのハーフリネンナチュール（ゴールドブラウン）

p.34 *a.2*
リバティプリント
Millie（◎J11C マスタード）

p.37 *l.2*
リバティプリント
Maria（CE ブルー系）

p.39 *n.*
C&Sオリジナル
コットンパピエストライプ（サックス・7mm幅）

p.39 *l.1, g.1*
C&Sオリジナル
よそいきのハーフリネン（そらいろ）

p.40 *o.1*
C&Sオリジナル
sunny days check（ブルー×ホワイト）

p.41 *b.2*
C&Sオリジナル
リネンプリマベーラ（ダークブルー）

p.42 *o.2*
C&Sオリジナル
海のブロードキルティング（ネイビー）

p.45 *j.2, g.1,*p.39 *n.*
力織機で織ったコットン（ホワイト）

p.47 *p.*
C&Sオリジナル
カシミヤフォイユ（ホワイト）

p.48 *i.2*
C&Sオリジナル
コットンパピエ（マッシュルーム）

p.49 *q.,r.*
リバティプリント
Mortimer（YE グレージュ）

p.49 *q., r.,* p.15 *e.2*
C&Sオリジナル
海のブロード（きなり色）

p.49 *q., r.*
C&Sオリジナル
フレンチコーデュロイ太うね（アイボリー）

p.50 *s.,* p.7,34 *m.*
C&Sオリジナル
sunny days コットン（ホワイト）

p.51 *t.*
C&Sオリジナル
コットンレースプチロンド（ホワイト）

SHOP LIST

ONLINE SHOP

CHECK&STRIPEは1999年から始まったONLINE SHOPです。リネン、コットン、リバティプリントなど、肌触りのよい、やさしい色合いの布を国内で独自に製作しています。布のほかに、アップリケやリボン、パターンなどもONLINEで24時間お買い物をしていただけます。サイトでは、てづくりをされるお客さまに楽しんでいただけるような読み物やスタッフ・お子さまのコーディネート例などもご紹介しています。

checkandstripe.com

REAL SHOP

神戸店

三宮センター街を少し南に入った場所にある小さな3階建ての建物。1階のショップでは布以外に、副資材やキットなども豊富にそろえています。2階ではソーイング教室や数々のワークショップを行なっており、3階はイベントスペースになっています。

〒650-0021 兵庫県神戸市中央区三宮町2-6-14
TEL:078-381-8824
営業時間 10:00-19:00 無休(年末年始を除く)

workroom（自由が丘）

自由が丘店の向かいにある自然光が入るキッチンつきのスペース。ソーイングレッスンや縫い物のほかに、お料理など様々なジャンルのワークショップ、イベントなどを開催しています。じっくり試着していただけるスペースもあるので、お仕立てもゆったりと承ることができます。

〒152-0035 東京都目黒区自由が丘1-3-11-106
TEL:03-6421-3200(自由が丘店共通)

吉祥寺店

雑貨屋さん、パン屋さんなどでにぎわう大正通りにあります。広く明るい店内には、ソーイングルームもあり、ミシンを4台備え、ソーイングのほか、てづくりにまつわる様々なジャンルのワークショップも行なっています。

〒180-0004 東京都武蔵野市吉祥寺本町2-31-1
TEL:0422-23-5161
営業時間 10:00-19:00 無休(年末年始を除く)

軽井沢NATUR TERRACE店

〒389-0111 長野県北佐久郡軽井沢町
星野ハルニレテラス NATUR TERRACE
TEL:0267-31-0737
営業時間 10:00-18:00 無休(季節により変動あり)

THE HANDWORKS

THE HANDWORKSでは、お好きな布をお店で選んでいただき、お気に入りのCHECK&STRIPEのデザインで、あなただけのお洋服をお作りします。ONLINE、各SHOPで承っております。※既存のCHECK&STRIPEのパターンやCHECK&STRIPEの書籍のデザイン・サイズでのお仕立てとなります。

the-handworks.com

自由が丘店

定番の布以外に、海外で見つけたボタンやアップリケなど豊富にそろえています。駅から3分という立地のよさで、幼稚園の送迎帰りのママやお仕事帰りのかたにもご利用いただいています。お子さまが遊べる小さなコーナーもあり、安心してお買い物していただけます。

〒152-0034 東京都目黒区緑が丘2-24-13-105
TEL:03-6421-3200
営業時間 10:00-19:00 無休(年末年始を除く)

fabric&things（芦屋）

芦屋川沿いにある絶好のロケーション。布だけでなく雑貨コーナーも充実しています。ワークショップを行なっている地下のスペースは設備も整い、ゆったり広々。ソーイングや暮らしにまつわる本をセレクトしたブックコーナーもあります。週末はカフェも。

〒659-0094 兵庫県芦屋市松ノ内町4-8-102
TEL:0797-21-2323
営業時間 10:00-19:00 無休(年末年始を除く)

little shop（鎌倉）

鶴岡八幡宮から由比ヶ浜に抜ける若宮大路沿いにあります。小さな店ですが、反物を置く什器が2段になっていて、たくさんの種類のリネンやリバティプリントを用意しています。光と風が入るゆったりした時間の中で、じっくり布を選んでいただけます。

〒248-0014 神奈川県鎌倉市由比ガ浜2-16-1
TEL:0467-50-0013
営業時間 10:00-18:00 無休(年末年始を除く)
※他の店舗と閉店時間が異なりますのでご注意ください。

福岡薬院店

福岡でも、魅力的なお店が多い薬院の古いビルの1階にある店舗。自然光がたっぷり入る店内は天井も高く、リバティプリントやオリジナルの布がぎっしりと並んでいます。薬院駅から徒歩3分という立地で入口の横にあるハーブがたくさん植わった花壇が目印。

〒810-0022 福岡市中央区薬院1-4-8-1F
TEL:092-791-4144
営業時間 10:00-19:00 無休(年末年始を除く)

HOW
to make

●本書では、大人はS、M、Lの3サイズ、子どもは100、110、120、130、140の5サイズがあります。サイズ表（ヌード寸法）と各作品の出来上り寸法を目安に、パターンのサイズを選んでください。

大人サイズ表（ヌード寸法）

サイズ	S	M	L
バスト	79	83	88
ウエスト	59	64	69
ヒップ	86	90	96

子どもサイズ表（ヌード寸法）

サイズ	100	110	120	130	140
バスト	54	58	62	66	70
ウエスト	49	51	53	55	57
ヒップ	57	60	64	68	72

●出来上り寸法の着丈は、後ろ身頃の衿ぐりの中心から裾までをはかったものです。

●モデルの身長は、大人は167cm、Mサイズを着用し、子どもは111cm、110サイズを着用しています。

●付録の実物大パターンには縫い代が含まれていないので、縫い代つきのパターンを作ります。ハトロン紙に線を写し取り、合い印、布目線、あき止り、パーツ名なども書き写します。作り方ページの裁合せ図に指定してある縫い代をつけて線を引き、ハトロン紙を縫い代線にそって切り取ります。

●直線だけのパーツは、裁合せ図や製図に記載の寸法を見てパターンを作るか、布地に直接線を引いて裁断します。このときも、縫い代の指定がある場合はつけます。

●裁合せ図は大人はMサイズ、子どもは110サイズで見積もっています。裁合せ図を参照して布地の上に縫い代つきパターンを配置します。作りたいサイズや布幅や柄によって配置や布の使用量が変わる場合がありますので、あらかじめ、すべてのパターンを置いてから裁断しましょう。

●裁断したら、パターンを布地にとめたままチョークペーパーをはさんでルレットで印をつけます。ただし、白い布地を縫うときはチョークペーパーを使わず、へらを使って印つけをすることをおすすめします。

●作り方に記載されているジグザグミシンの処理は、ロックミシンでも可能です。

●作り方ページのイラストの中の単位はcmです。

●コットンやリネンの布は洗うと縮む可能性があるので、裁断する前に水通しをし、地直ししてください。

$a.1$ 後ろリボンのパフブラウス

写真　7ページ
実物大パターン　1面

【材料】左から S/M/L サイズ
表布：C&S ドットミニヨン（ピンクラベンダー）　110cm 幅（有効幅 105cm）
1.9m/1.9m/2m
接着芯：横 30×縦 40cm

【作り方】

● カフス、後ろあき見返しに接着芯をはる

● 後ろあき見返しの周囲にジグザグミシンをかける

1　後ろあきを作る
2　肩を縫う
3　衿ぐりを衿ぐり用バイアス布でくるみ、リボンを作る
4　脇を縫う
5　裾を三つ折りにして縫う
6　袖を作る
7　袖をつける

【裁合せ図】
表布

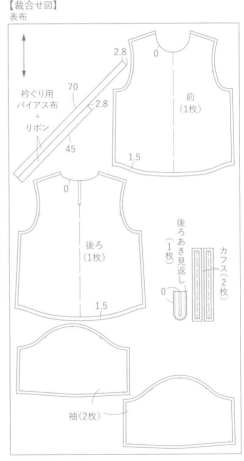

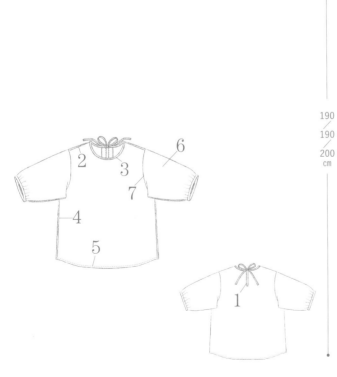

【出来上り寸法】単位：cm

サイズ	S	M	L
バスト	101.5	105.5	110.5
着丈	59	60	61
袖丈	30.5	31	31.5

＊指定以外の縫い代は1cm
＊□□□□ は裏に接着芯をはる
＊wwww はジグザグミシンをかける
＊数字は上からS/M/L
　指定以外は全サイズ共通

1 後ろあきを作る
2 肩を縫う

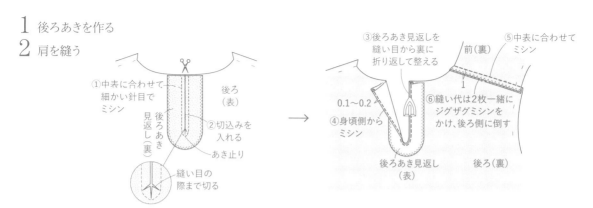

①中表に合わせて細かい針目でミシン

後ろ（表）

後ろあき見返し（裏）

後ろあき

②切込みを入れる

あき止り

縫い目の際まで切る

③後ろあき見返しを縫い目から裏に折り返して整える

前（裏）

⑤中表に合わせてミシン

1

⑥縫い代は2枚一緒にジグザグミシンをかけ、後ろ側に倒す

0.1～0.2

④身頃側からミシン

後ろあき見返し（表）

後ろ（裏）

3 衿ぐりを衿ぐり用バイアス布でくるみ、リボンを作る

1

衿ぐり用バイアス布＋リボン（裏）

①中表に合わせてミシン。縫い代は割る

（裏）

②半分に折る

衿ぐり用バイアス布＋リボン（表）

（裏）

0.7

0.7

③折りを広げ、両側から中央に合わせて折る

④中表に合わせ、折りを広げてミシン

肩とはぎ目を合わせる

0.7

前（表）

衿ぐり用バイアス布＋リボン（裏）

後ろ（表）

★

★

出来上り（★）が30になるように余りはカットする

差し込む

1折る

同様に折る

0.7 0.1～0.2 （表）

衿ぐり用バイアス布＋リボン（表）

0.7

前（裏）

後ろ（裏）

⑥表側からミシン

しつけ

0.1～0.2

⑤折り山を縫い目に合わせねじれないようにしつけをする

0.7

後ろあき見返し（表）

4 脇を縫う
5 裾を三つ折りにして縫う

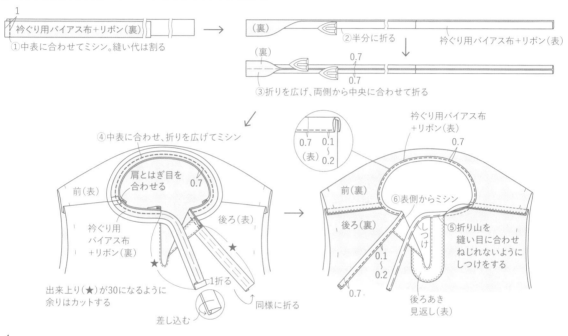

①中表に合わせてミシン

前（裏）

1

後ろ（裏）

②縫い代は2枚一緒にジグザグミシンをかけ後ろ側に倒す

1.5

0.8

③出来上りに折る

0.1～0.2

④端を内側に折り込む

⑤三つ折りにしてミシン

0.7

6 袖を作る

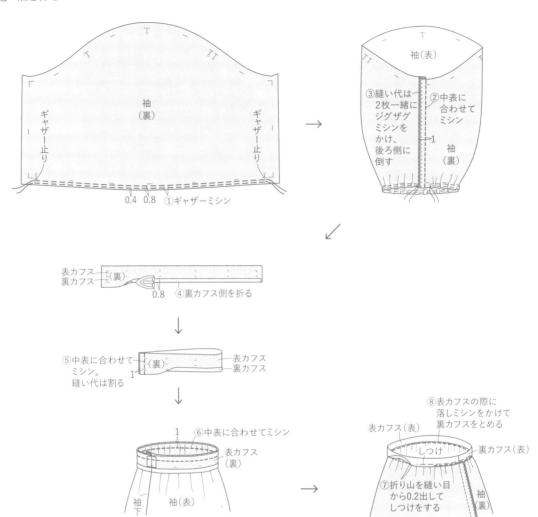

袖
（裏）

ギャザー止り

ギャザー止り

0.4　0.8　①ギャザーミシン

袖（表）

③縫い代は
2枚一緒に
ジグザグ
ミシンを
かけ、
後ろ側に
倒す

②中表に
合わせて
ミシン

1

袖
（裏）

表カフス
裏カフス

（裏）

0.8　④裏カフス側を折る

⑤中表に合わせて
ミシン。
縫い代は割る

（裏）

1

表カフス
裏カフス

1　⑥中表に合わせてミシン

表カフス
（裏）

袖下　袖（表）

⑧表カフスの際に
落しミシンをかけて
裏カフスをとめる

表カフス（表）

しつけ

裏カフス（表）

⑦折り山を縫い目
から0.2出して
しつけをする

袖
（裏）

7 袖をつける

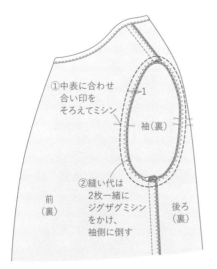

①中表に合わせ
合い印を
そろえてミシン

1

袖（裏）

②縫い代は
2枚一緒に
ジグザグ
ミシンを
かけ、
袖側に倒す

前
（裏）

後ろ
（裏）

t. 子ども パフスリーブのブラウス

写真　51ページ
実物大パターン　**4**面

【材料】左から 100/110/120/130/140 サイズ
表布：C&S コットンレースプチロンド（ホワイト）　110cm 幅（刺繍有効幅 100cm）
80cm/80cm/80cm/1m/1.2m
別布：横 40×縦 40cm
接着芯：横 30×縦 35cm
ボタン：直径 1cm　1個

【作り方】
p.83 *f.3* シンプルドルマンブラウス 1〜3 を参照し、
p.58 *a.1* 後ろリボンのパフブラウス 4〜7 を参照して縫う

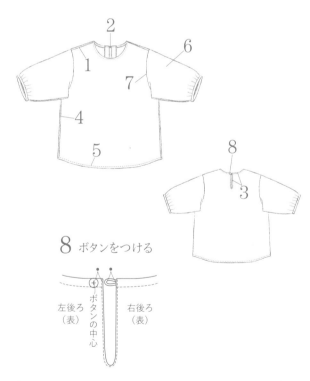

8 ボタンをつける

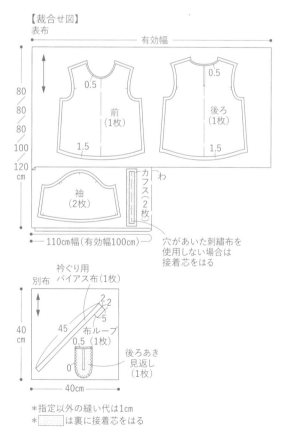

【裁合せ図】
表布

穴があいた刺繍布を
使用しない場合は
接着芯をはる

別布

*指定以外の縫い代は1cm
* ▨ は裏に接着芯をはる
* 〰〰 はジグザグミシンをかける
*数字は上から100/110/120/130/140
　指定以外は全サイズ共通

【出来上り寸法】単位：cm

サイズ	100	110	120	130	140
バスト	66	70	74	78	82
着丈	37	40	43	46	49
袖丈	19	21.5	24	26.5	29

b.1 後ろゴムのギャザードレス

写真　8, 28 ページ
実物大パターン　1 面

【材料】左から S/M/L サイズ

表布：p.8　リバティプリント Kensington Rose（Z ピンク系）　108cm 幅　2.5m/2.5m/2.5m
　　　p.28　C&S ギンガムチェック（きいろ）　110cm 幅　2.5m/2.5m/2.5m

接着芯：横 25× 縦 70cm/75cm/80cm

接着テープ：1.5cm 幅　40cm

ゴムテープ：1.5cm 幅　63cm（21cm × 3 本）/66cm（22cm × 3 本）/69cm（23cm × 3 本）

【作り方】

● 表裏前ベルトに接着芯、前スカートのポケット口に接着テープをはる

● 前スカート、袋布 A のポケット口にジグザグミシンをかける

1　ポケット口を残して、脇を縫う（p.93 4 参照）

2　ポケットを作る（p.111 ポケットの縫い方 B 参照）

3　上端にギャザーを寄せ、裾を三つ折りにして縫う

4　ループと肩ひもを作る（p.99 6 参照）

5　ループと肩ひもをはさみ、ベルトを作る（p.99 7 参照）

6　ベルトをつける（p.100 8 参照）

7　後ろベルトにゴムテープを通し、前ベルトではさんで縫う（p.100 9 参照）

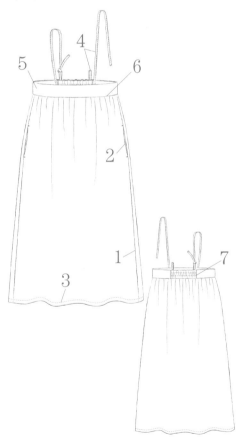

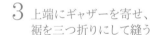

3 上端にギャザーを寄せ、裾を三つ折りにして縫う

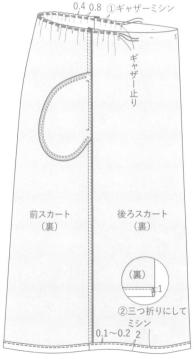

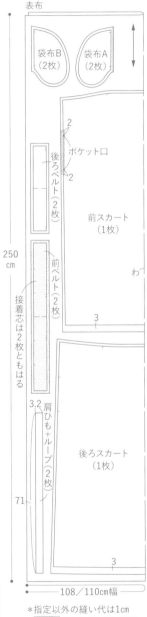

【出来上り寸法】単位：cm

サイズ	S	M	L
バスト	98.5	102.5	107.5
後ろスカート丈（ベルト含む）	101.5	103	104.5

＊バストはゴムを伸ばした状態の寸法です。

c. 後ろゴムのギャザーサロペット

子ども

写真 12ページ
実物大パターン 4面

【材料】左から 100/110/120/130/140 サイズ
表布：リバティプリント Magdalena Posy（◎J23C 白地にピンク系）
108cm 幅 1.5m/1.6m/1.8m/1.9m/2.1m
接着芯：横 25×縦 50/50/55/60/60cm
接着テープ：1.5cm 幅 40cm
ゴムテープ：1cm 幅 58.5cm（19.5cm×3本）/60cm（20cm×3本）/
61.5cm（20.5cm×3本）/63cm（21cm×3本）/
64.5cm（21.5cm×3本）

【作り方】
p.98 b.2 後ろゴムのギャザーサロペットを参照。
ただし、各寸法については下図を参照

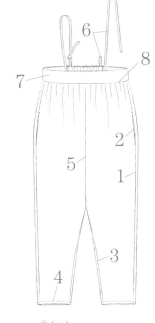

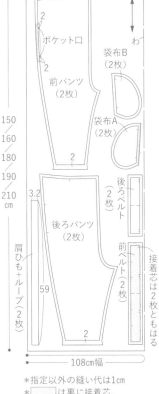

【裁合せ図】
表布

ポケット口
前パンツ
（2枚）
袋布B
（2枚）
わ
袋布A
（2枚）
後ろベルト
（2枚）
前ベルト
（2枚）
後ろパンツ
（2枚）
肩ひも＋ループ
（2枚）
接着芯は2枚ともはる
2
2
2
2
2
3.2
59
150
160
180
190
210
cm
108cm幅

＊指定以外の縫い代は1cm
＊□ は裏に接着芯、接着テープをはる
＊〜〜〜 はジグザグミシンをかける
＊数字は上から
100/110/120/130/140
指定以外は全サイズ共通

6 ループと肩ひもを作る

⑤カット
肩ひも50
ループ8

7 ループと肩ひもをはさみ、ベルトを作る

④表裏後ろベルトを合わせてミシン
1.5
1.5
表後ろベルト（表）

9 後ろベルトにゴムテープを通し、前ベルトではさんで縫う

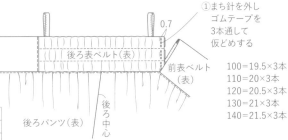

①まち針を外しゴムテープを3本通して仮どめする
0.7
後ろ表ベルト（表）
前表ベルト（表）
後ろパンツ（表）
後ろ中心

100＝19.5×3本
110＝20×3本
120＝20.5×3本
130＝21×3本
140＝21.5×3本

【出来上り寸法】単位：cm

サイズ	100	110	120	130	140
バスト	63.5	67.5	71.5	75.5	79.5
股下	26.5	31.5	36.5	41.5	46.5
後ろパンツ丈（ベルト含む）	69	76	83	90	97

＊バストはゴムを伸ばした状態の寸法です。

e.1 小さめフリルトート

写真　13ページ
実物大パターン　なし

e.2 大きめフリルトート

写真　15ページ
実物大パターン　なし

【材料】

e.1（小）
表布：リバティプリント Betsy（◎J23K グレイッシュピンク系）　108cm 幅 40cm
裏布：C&S 海のブロード（グレイッシュピンク）　横 40×縦 60cm

e.2（大）
表布：リバティプリント Magdalena Posy（◎J23C 白地にピンク系）　108cm 幅 1m
裏布：C&S 海のブロード（きなり色）　横 60×縦 80cm

【作り方】

1　持ち手を四つ折りにして縫う
2　フリルを作る
3　裏袋布は返し口を残し、表袋布、裏袋布をそれぞれ作る
4　表袋布と裏袋布の間にフリルと持ち手をはさみ、袋口を縫う
5　表に返して整え、返し口を縫う

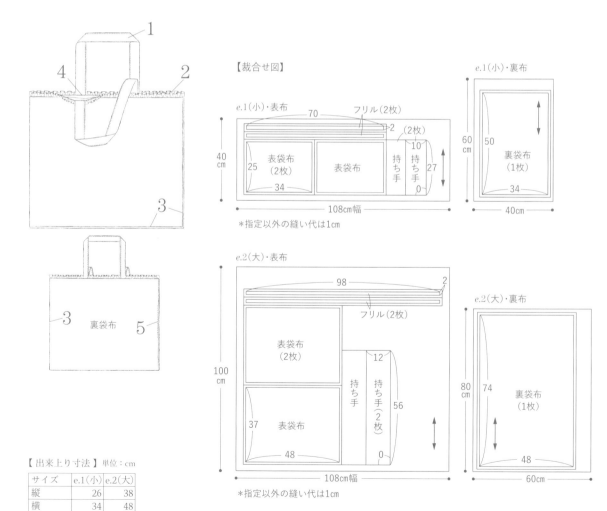

【裁合せ図】

e.1（小）・表布

70　フリル（2枚）　2　（2枚）
40cm
25　表袋布（2枚）　表袋布　持ち手　持ち手　10　27
34　0
108cm幅

＊指定以外の縫い代は1cm

e.1（小）・裏布

60cm
50　裏袋布（1枚）
34
40cm

e.2（大）・表布

98　2
フリル（2枚）
100cm
表袋布（2枚）　持ち手　持ち手（2枚）　12　56
37　表袋布
48　0
108cm幅

＊指定以外の縫い代は1cm

e.2（大）・裏布

80cm
74　裏袋布（1枚）
48
60cm

【出来上り寸法】単位：cm

サイズ	e.1（小）	e.2（大）
縦	26	38
横	34	48

1 持ち手を四つ折りにして縫う

持ち手（表）
①半分に折る

持ち手（表）
（裏）
②折りを広げ、両側から中央に合わせて折る

持ち手（表）
③四つ折りにしてミシン
0.1〜0.2　　*2本作る

2 フリルを作る

②半分に折る　　フリル（表）
0.4　0.8　　1
③2枚一緒に
ギャザーミシンを
かけて縮める
①2枚を縫い合わせて
縫い代は割り、
輪にする

3 裏袋布は返し口を残し、表袋布、裏袋布をそれぞれ作る

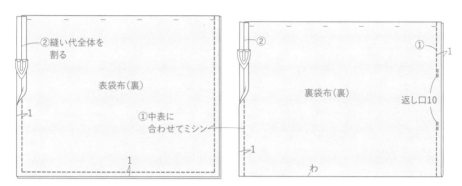

②縫い代全体を
割る

表袋布（裏）

1

①中表に
合わせてミシン

1

②

裏袋布（裏）

①
1

返し口10

わ

1

4 表袋布と裏袋布の間にフリルと持ち手をはさみ、袋口を縫う

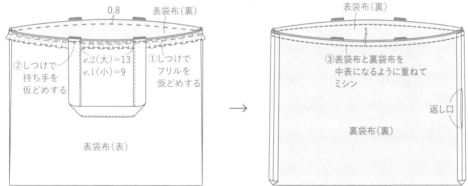

0.8　　表袋布（裏）

②しつけで
持ち手を
仮どめする

e.2（大）=13
e.1（小）=9

①フリルを
仮どめする

表袋布（表）

→

表袋布（裏）
1
③表袋布と裏袋布を
中表になるように重ねて
ミシン

返し口

裏袋布（裏）

5 表に返して整え、返し口を縫う

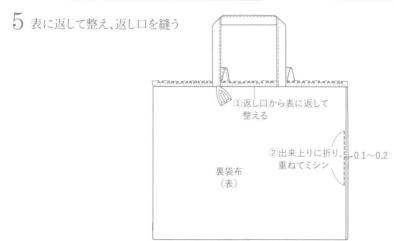

①返し口から表に返して
整える

②出来上りに折り、
重ねてミシン　　0.1〜0.2

裏袋布
（表）

*f.*1 ローズガーデンのブラウス 写真 14ページ
実物大パターン **1**面

【材料】左からS/M/Lサイズ
表布：C&Sコットンシルクリンクル（さくらピンク）
110cm幅 1.9m/2m/2m
接着芯：横20×縦50cm
ボタン：直径1cm 1個

【作り方】
● カフス、後ろあき見返しに接着芯をはる
● 後ろあき見返しの周囲にジグザグミシンをかける

1 肩を縫う（p.83 **1**参照）
2 布ループ（3.5cm×1本）を作る
　（p.109 基礎参照）
3 フリルを作る
4 フリルと布ループをはさんで後ろあきを作り、衿
　ぐりをバイアス布で始末する
5 脇を縫う（p.83 **4**参照）
6 裾を三つ折りにして縫う（p.83 **5**参照）
7 カフスをつける（p.83 **6**参照）
8 ボタンをつける（p.83 **7**、p.109 基礎参照）

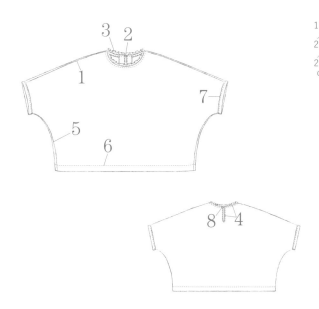

【裁合せ図】
表布

190/200/200 cm

110cm幅

*指定以外の縫い代は1cm
*▨は裏に接着芯をはる
*〜〜〜はジグザグミシンをかける
*数字は上からS/M/L
　指定以外は全サイズ共通

【出来上り寸法】単位：cm

サイズ	S	M	L
バスト	161	165	170
着丈	53	54	55

3 フリルを作る

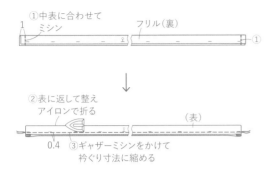

①中表に合わせて
ミシン
1
フリル(裏)
①

②表に返して整え
アイロンで折る
0.4
③ギャザーミシンをかけて
衿ぐり寸法に縮める
(表)

4 フリルと布ループをはさんで後ろあきを作り、衿ぐりをバイアス布で始末する

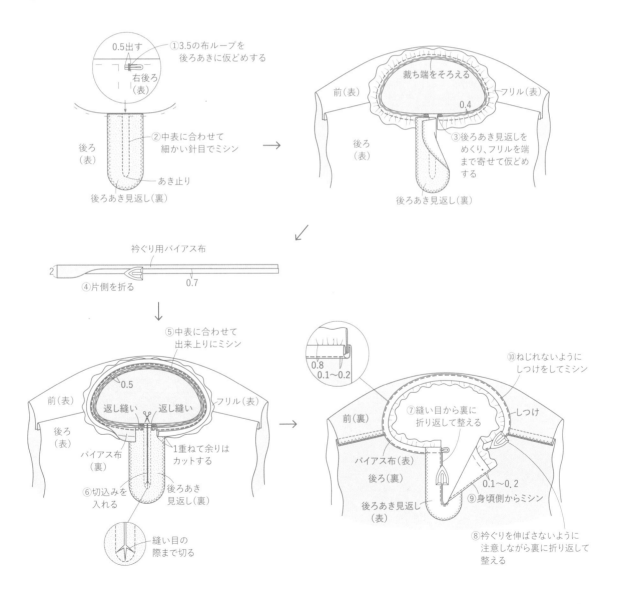

0.5出す
①3.5の布ループを
後ろあきに仮どめする
右後ろ
(表)

後ろ
(表)

②中表に合わせて
細かい針目でミシン

あき止り

後ろあき見返し(裏)

裁ち端をそろえる
前(表)
フリル(表)
0.4

後ろ
(表)

③後ろあき見返しを
めくり、フリルを端
まで寄せて仮どめ
する

後ろあき見返し(裏)

衿ぐり用バイアス布
2
④片側を折る
0.7

⑤中表に合わせて
出来上りにミシン

0.5
前(表)
フリル(表)
返し縫い　返し縫い

後ろ
(表)

バイアス布
(裏)

1重ねて余りは
カットする

⑥切込みを
入れる
後ろあき
見返し(裏)

縫い目の
際まで切る

0.8
0.1～0.2

⑩ねじれないように
しつけをしてミシン

⑦縫い目から裏に
折り返して整える
しつけ

前(裏)

バイアス布(表)

後ろ(裏)

後ろあき見返し
(表)

0.1～0.2
⑨身頃側からミシン

⑧衿ぐりを伸ばさないように
注意しながら裏に折り返して
整える

g.1 シンプルテーパードパンツ
写真　14, 19, 39, 45 ページ
実物大パターン　2面

g.2 シンプルキュロット
写真　31 ページ
実物大パターン　2面

【材料】左から S/M/L サイズ
表布：*g.1* テーパードパンツ／
　　　p.14　C&S カラーリネン（スタンダードピンク）　105cm 幅　2.3m/2.3m/2.4m
　　　p.19　リバティプリント Chamomile Lawn（◎J22C ブルーグリーン系）　108cm 幅　2m/2.1m/2.1m
　　　p.39　C&S よそいきのハーフリネン（そらいろ）　120cm 幅　2m/2.1m/2.1m
　　　p.45　力織機で織ったコットン（ホワイト）　110cm 幅　2m/2.1m/2.1m
　　　g.2 キュロット／
　　　リバティプリント Poppy & Daisy（HE ピンク・ベージュ・マスタード系）　108cm 幅　1.4m/1.4m/1.5m
接着テープ：1.5cm 幅　40cm
ゴムテープ：2cm 幅　63/68/73cm

【作り方】
● 前パンツのポケット口に接着テープをはる
● 前パンツポケット口、袋布 A のポケット口にジグザグミシンをかける
1　ポケット口と左脇のゴムテープ通し口を残して脇を縫う
2　ポケットを作る（p.111 ポケットの縫い方 B 参照）
3　股下を縫う
4　裾を三つ折りにして縫う
5　股ぐりを縫う
6　ウエストを三つ折りにして縫い、ゴムテープを通す

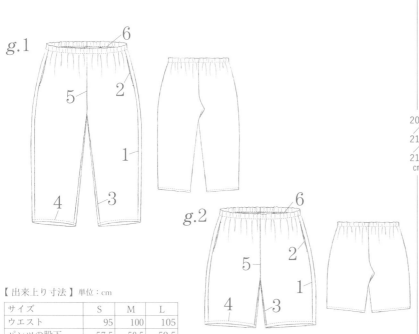

【出来上り寸法】単位：cm

サイズ	S	M	L
ウエスト	95	100	105
パンツの股下	57.5	58.5	59.5
キュロットの股下	26	26.5	27

＊ウエストはゴムを伸ばした状態の寸法です。
＊モデル（身長167cm）は M サイズを
　パンツは股下 +8cm、キュロットは股下 +5cm
　で製作して着用しています。

＊指定以外の縫い代は1cm
＊▨ は裏に接着テープをはる
＊〰 はジグザグミシンをかける
＊数字は上からS/M/L

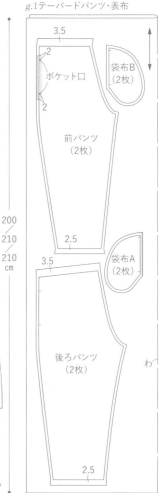

【裁合せ図】
g.1 テーパードパンツ・表布

3.5
2
ポケット口
2
袋布B（2枚）
前パンツ（2枚）
200/210/210 cm
2.5
3.5
袋布A（2枚）
後ろパンツ（2枚）
わ
2.5
108/110/120cm幅

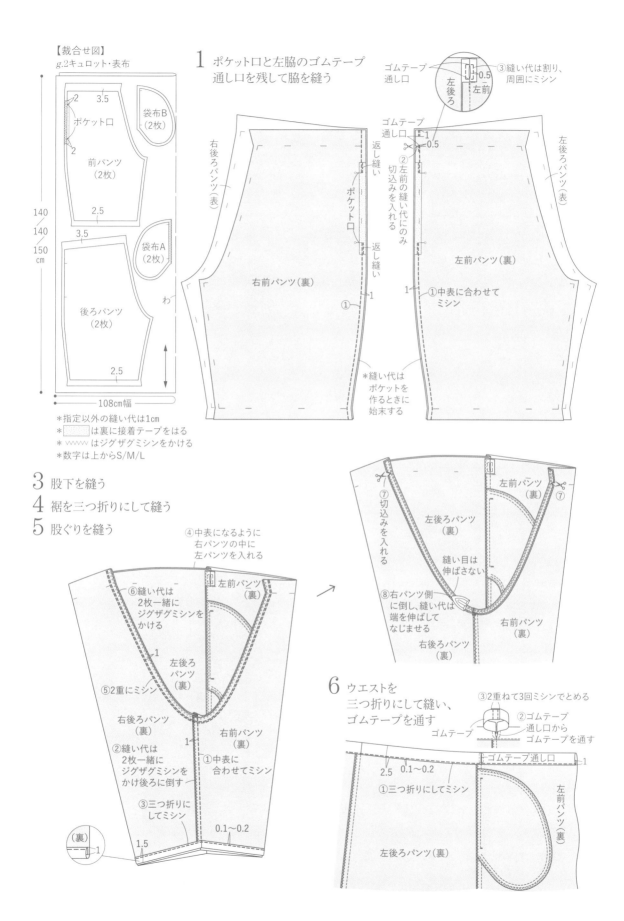

【裁合せ図】
g.2キュロット・表布

ポケット口
2　3.5
袋布B
（2枚）
2
前パンツ
（2枚）
2.5
3.5
袋布A
（2枚）
わ
後ろパンツ
（2枚）
2.5

140
140
150
cm

108cm幅

＊指定以外の縫い代は1cm
＊□□□は裏に接着テープをはる
＊wwwwはジグザグミシンをかける
＊数字は上からS/M/L

1　ポケット口と左脇のゴムテープ
　通し口を残して脇を縫う

ゴムテープ
通し口
左後ろ　0.5
左前
③縫い代は割り、
周囲にミシン

右後ろパンツ（表）
返し縫い
ポケット口
返し縫い
右前パンツ（裏）
①
1

ゴムテープ
通し口
1
0.5
②左前の縫い代にのみ
切込みを入れる
左前パンツ（裏）
1
①中表に合わせて
ミシン
左後ろパンツ（表）

＊縫い代は
ポケットを
作るときに
始末する

3　股下を縫う
4　裾を三つ折りにして縫う
5　股ぐりを縫う

④中表になるように
右パンツの中に
左パンツを入れる

⑥縫い代は
2枚一緒に
ジグザグミシンを
かける
左前パンツ
（裏）
1
左後ろ
パンツ
（裏）
⑤2重にミシン
右後ろパンツ
（裏）
②縫い代は
2枚一緒に
ジグザグミシンを
かけ後ろに倒す
③三つ折り
にしてミシン
右前パンツ（裏）
①中表に
合わせてミシン
1
（裏）
1
1.5
0.1〜0.2

⑦切込みを
入れる
左後ろパンツ
（裏）
左前パンツ
（裏）
⑦
縫い目は
伸ばさない
⑧右パンツ側
に倒し、縫い代は
端を伸ばして
なじませる
右後ろパンツ
（裏）
右前パンツ
（裏）

6　ウエストを
　三つ折りにして縫い、
　ゴムテープを通す

③2重ねて3回ミシンでとめる
②ゴムテープ
通し口から
ゴムテープを通す
ゴムテープ

2.5　0.1〜0.2
ゴムテープ通し口
1
①三つ折りにしてミシン
左前パンツ
（裏）
左後ろパンツ（裏）

h. お花とチェックのパッチワーククロス

写真　17 ページ
実物大パターン　なし

【材料】ワンサイズ

表布：リバティプリント Betsy（DE エメラルドグリーン系）　108cm 幅　30cm

リバティプリント Katie and Millie（LFE グリーン系）　108cm 幅　30cm

リバティプリント Chamomile Lawn（◎J22C ブルーグリーン系）　108cm 幅　30cm

リバティプリント Wilmslow Berry（◎J22A ライトブルー・グリーン系）　108cm 幅　30cm

C&S コットンパピエギンガムチェック（グリーン）　105cm 幅　40cm

C&S コットンパピエストライプ（グリーン）　105cm 幅　40cm

裏布：C&S 海のブロード（ホワイト）　110cm 幅　1.1m

【出来上り寸法】100×100cm

【作り方】

1　表布でパッチワークをする

2　表布と裏布を合わせ、返し口を残して周囲を縫う

3　表に返して整え、返し口をまつる

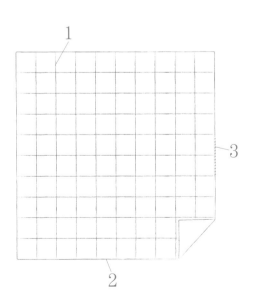

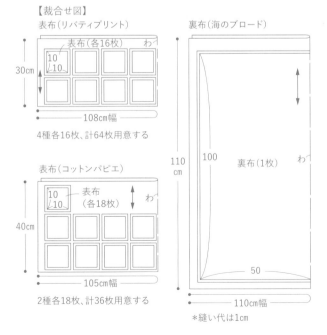

【裁合せ図】

表布（リバティプリント）

表布（各16枚）　わ

10
10

30cm

108cm幅

4種各16枚、計64枚用意する

表布（コットンパピエ）

10
10

表布（各18枚）　わ

40cm

105cm幅

2種各18枚、計36枚用意する

裏布（海のブロード）

100

裏布（1枚）　わ

110cm

50

110cm幅

＊縫い代は1cm

1 表布でパッチワークをする

①各布10枚を中表に合わせてミシン（*10組み作る）

②縫い代は片側に倒す

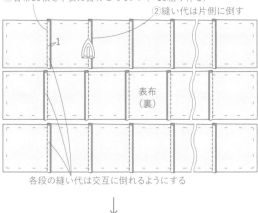

表布
（裏）

各段の縫い代は交互に倒れるようにする

↓

③各段を中表に合わせてミシン

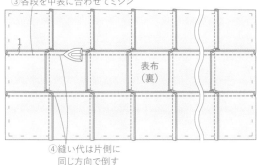

表布
（裏）

④縫い代は片側に
同じ方向で倒す

2 表布と裏布を合わせ、返し口を残して周囲を縫う

②すべての縫い代を
割る

①中表に合わせて
ミシン

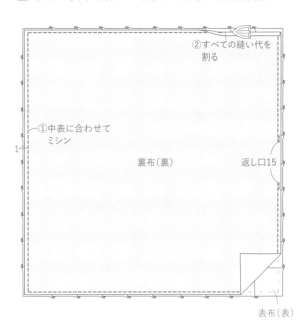

裏布（裏）

返し口15

表布（表）

3 表に返して整え、返し口をまつる

①返し口から表に返して整える

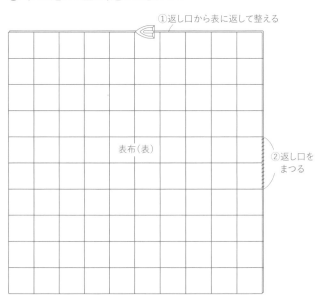

表布（表）

②返し口を
まつる

f.2 ホワイトセージのブラウス

写真 18ページ
実物大パターン **1**面

【材料】左から S/M/L サイズ
表布：C&S 海のブロード（ホワイトセージ）
110cm 幅 1.9m/2m/2m
接着芯：横20×縦50cm
ボタン：直径1cm 1個

【作り方】

● カフス、後ろあき見返しに接着芯をはる

● 後ろあき見返しの周囲にジグザグミシンをかける

1 肩を縫う（p.83 **1** 参照）

2 布ループ（3.5cm×1本）を作る
　（p.109 基礎参照）

3 布ループをはさんで後ろあきを作り、衿ぐりをバ
　イアス布で始末する（p.83 **3** 参照）

4 フリルをつける

5 脇を縫う（p.83 **4** 参照）

6 裾を三つ折りにして縫う（p.83 **5** 参照）

7 カフスをつける（p.83 **6** 参照）

8 ボタンをつける（p.83 **7**、p.109 基礎参照）

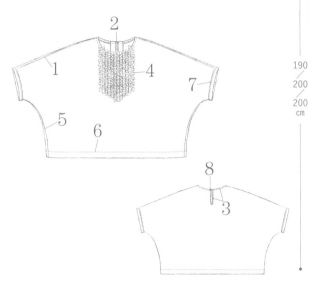

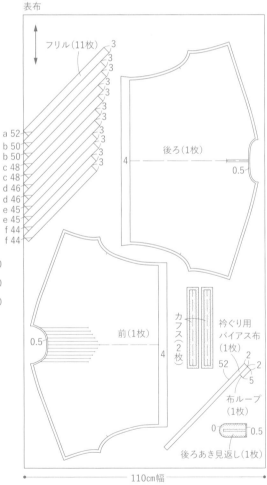

【裁合せ図】
表布

フリル（11枚）

a 52
b 50
b 50
c 48
c 48
d 46
d 46
e 45
e 45
f 44
f 44

190
200
200
cm

後ろ（1枚）
4
0.5

前（1枚）
0.5
4

カフス（2枚）

衿ぐり用
バイアス布
（1枚）
52
2
2
5

布ループ
（1枚）
0
0.5

後ろあき見返し（1枚）

110cm幅

＊指定以外の縫い代は1cm
＊ ▭ は裏に接着芯をはる
＊ 〰〰〰 はジグザグミシンをかける
＊数字は上からS/M/L
　指定以外は全サイズ共通

【出来上り寸法】単位：cm

サイズ	S	M	L
バスト	161	165	170
着丈	53	54	55

4 フリルをつける

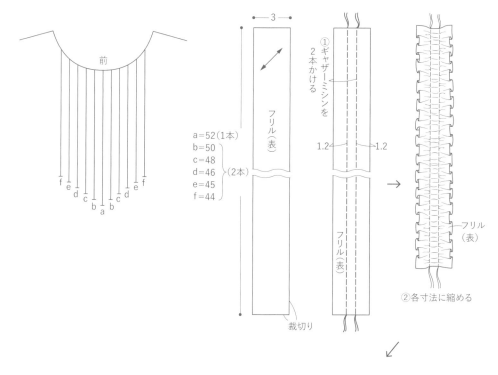

前

a＝52（1本）
b＝50
c＝48
d＝46 ｝（2本）
e＝45
f＝44

3

フリル（表）

裁切り

①ギャザーミシンを
2本かける

フリル（表）

1.2　　　1.2

②各寸法に縮める

フリル（表）

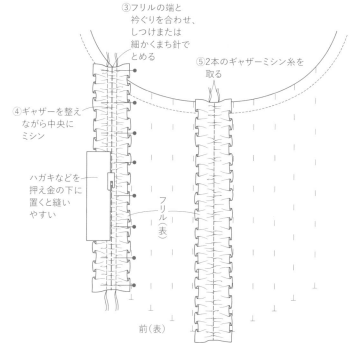

③フリルの端と
衿ぐりを合わせ、
しつけまたは
細かくまち針で
とめる

⑤2本のギャザーミシン糸を
取る

④ギャザーを整え
ながら中央に
ミシン

ハガキなどを
押え金の下に
置くと縫い
やすい

フリル（表）

前（表）

j.1 ブリティッシュコート

写真 10, 24 ページ
実物大パターン **2** 面

【材料】左から S/M/L サイズ
表布：p.10　C&S コットンパピエストライプ（スタンダードピンク・7mm 幅）　105cm 幅
　　　　3.8m/3.9m/4m
　　　p.24　C&S ボーイフレンドチノクロス（オリーブ）　110cm 幅　3.4m/3.5m/4m
接着芯：90cm 幅　1.2m
ボタン：直径 1.5cm　9 個(p.10)、直径 2cm　6 個(p.24)

【作り方】
● 前後見返し、表衿に接着芯をはる
● 前後見返しの奥、ポケットの周囲にジグザグミシンをかける
1　ポケットをつける（p.101 1 参照）
2　後ろ中心のタックをたたむ（p.102 2 参照）
3　肩を縫う（p.96 1 参照）
4　袖をつける（p.96 2 参照）
5　脇と袖下を続けて縫う（p.102 5 参照）
6　袖口を三つ折りにして縫う（p.102 6 参照）
7　衿を作る
8　身頃と見返しで衿をはさみ、衿ぐり、前端、見返しの裾を縫う
　　（p.102 8 参照）
9　裾を三つ折りにして縫う
10　ボタン穴を作り、ボタンをつける（p.103 10、p.109 基礎参照）

p.24

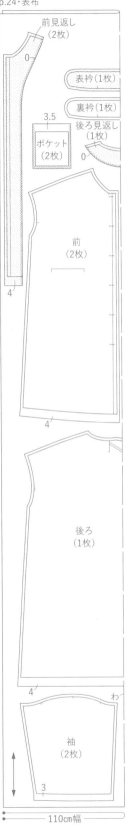

【出来上り寸法】単位：cm

サイズ	S	M	L
バスト	155	159	164
着丈	102	104	106
袖丈	42	43	44

＊モデル（身長 167cm）は M サイズを
　着丈 +8cm で製作して着用しています。

【裁合せ図】
p.24・表布

前見返し
（2枚）

表衿（1枚）

裏衿（1枚）

後ろ見返し
（1枚）

ポケット
（2枚）

前
（2枚）

後ろ
（1枚）

袖
（2枚）

340
/
350
/
400
cm

110cm幅

＊指定以外の縫い代は1cm
＊□□□ は裏に接着芯をはる
＊ wwww はジグザグミシンをかける
＊数字は上からS/M/L

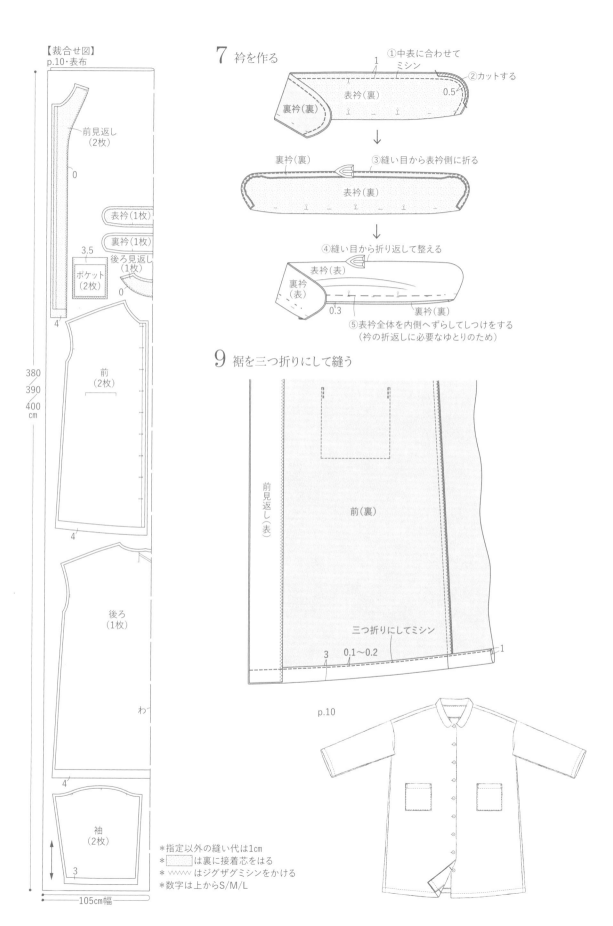

【裁合せ図】
p.10・表布

前見返し
(2枚)

0

表衿(1枚)

裏衿(1枚)

3.5

後ろ見返し
(1枚)

ポケット
(2枚)

0

4

前
(2枚)

4

後ろ
(1枚)

わ

4

袖
(2枚)

3

380
390
400
cm

105cm幅

*指定以外の縫い代は1cm
* ▨ は裏に接着芯をはる
* 〰〰〰 はジグザグミシンをかける
*数字は上からS/M/L

7 衿を作る

①中表に合わせて
ミシン

1

②カットする

裏衿(裏)

表衿(裏)

0.5

↓

③縫い目から表衿側に折る

裏衿(裏)

表衿(裏)

↓

④縫い目から折り返して整える

表衿(表)

裏衿
(表)

裏衿(裏)

0.3

⑤表衿全体を内側へずらししつけをする
(衿の折返しに必要なゆとりのため)

9 裾を三つ折りにして縫う

前見返し
(表)

前(裏)

三つ折りにしてミシン

3   0.1〜0.2   1

p.10

$i.1$ ハイウエストのギャザーワンピース

写真　22ページ
実物大パターン　3面

$i.2$ ハイウエストのギャザーブラウス

写真　48ページ
実物大パターン　3面

【材料】左からS/M/Lサイズ
表布：$i.1$ ワンピース / リバティプリント Katie and Millie（LFE グリーン系）　108cm 幅
　　　　　4.1m/4.2m/4.3m
　　　$i.2$ ブラウス /C&S コットンパピエ（マッシュルーム）　105cm 幅　2.5m/2.5m/2.5m
接着芯：横15×縦20cm
ボタン：直径1cm　1個
【作り方】
●後ろあき見返しに接着芯をはり、周囲にジグザグミシンをかける
1　肩を縫う
2　布ループ（3.5cm×1本）を作る（p.109 基礎参照）
3　布ループをはさんで後ろあきを作り、衿ぐりをバイアス布で始
　　末する（p.83 3 参照）
4　脇を縫い、袖口を三つ折りにして縫う
5　前下、後ろ下、脇下を縫い合わせ、上端にギャザーを寄せる
6　裾を三つ折りにして縫う
7　上下の身頃を縫い合わせる
8　ボタンをつける（p.109 基礎参照）

【出来上り寸法】単位：cm

サイズ	S	M	L
バスト	146	150	155
ワンピース着丈	119	121	123
ブラウス着丈	64	65	66

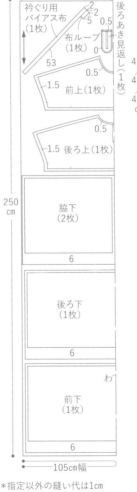

【裁合せ図】
$i.2$ブラウス・表布

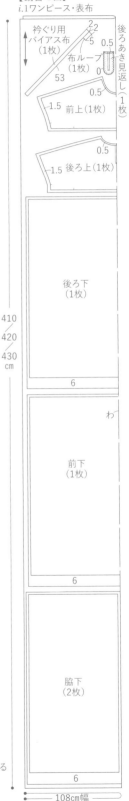

【裁合せ図】
$i.1$ワンピース・表布

＊指定以外の縫い代は1cm
＊▨▨ は裏に接着芯をはる
＊ ∿∿∿ はジグザグミシンをかける
＊数字は上からS/M/L
　　指定以外は全サイズ共通

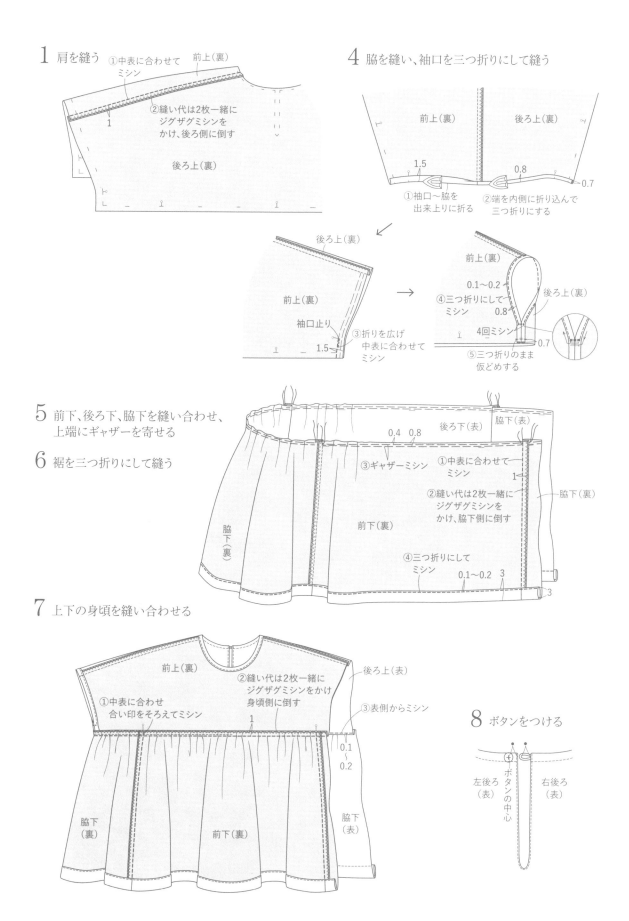

1 肩を縫う
①中表に合わせて
ミシン
前上（裏）
②縫い代は2枚一緒に
ジグザグミシンを
かけ、後ろ側に倒す
1
後ろ上（裏）

4 脇を縫い、袖口を三つ折りにして縫う
前上（裏）　　　後ろ上（裏）
1.5　　　　0.8
0.7
①袖口～脇を　②端を内側に折り込んで
出来上りに折る　三つ折りにする

後ろ上（裏）
前上（裏）
袖口止り
1.5
③折りを広げ
中表に合わせて
ミシン

前上（裏）
0.1～0.2
④三つ折りにして　後ろ上（裏）
ミシン　　　　0.8
4回ミシン
0.7
⑤三つ折りのまま
仮どめする

5 前下、後ろ下、脇下を縫い合わせ、
　上端にギャザーを寄せる
6 裾を三つ折りにして縫う

0.4　0.8　後ろ下（表）　脇下（表）
③ギャザーミシン　①中表に合わせて
ミシン
1
②縫い代は2枚一緒に
ジグザグミシンを
かけ、脇下側に倒す
脇下（裏）
脇下（裏）
前下（裏）
④三つ折りにして
ミシン　　0.1～0.2　3
3

7 上下の身頃を縫い合わせる
前上（裏）
②縫い代は2枚一緒に
ジグザグミシンをかけ
身頃側に倒す
後ろ上（表）
①中表に合わせ
合い印をそろえてミシン
③表側からミシン
1
0.1
0.2
脇下
（裏）
前下（裏）
脇下
（表）

8 ボタンをつける
ボタンの中心
左後ろ　右後ろ
（表）　（表）

s. ハイウエストのギャザーワンピース

子ども

写真　50ページ
実物大パターン　**4**面

【材料】左から 100/110/120/130/140 サイズ
表布：C&S sunny days コットン（ホワイト）　110cm 幅
1.7m/1.8m/1.9m/2.1m/2.2m
接着芯：横15×縦20cm
ボタン：直径1cm　1個

【作り方】
p.76 *i.1* ハイウエストのギャザーワンピースを参照。
ただし、子どもは脇下はないので、前下と後ろ下を縫い合わせ、
縫い代は後ろ側に倒す。

*縫い代は後ろ側に倒す

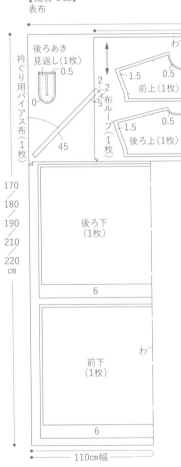

【裁合せ図】
表布

*指定以外の縫い代は1cm
* ▭ は裏に接着芯をはる
* www はジグザグミシンをかける
*数字は上から100/110/120/130/140
指定以外は全サイズ共通

【出来上り寸法】単位：cm

サイズ	100	110	120	130	140
バスト	98	101.5	105.5	109.5	113.5
着丈	63	69	75	81	87

m. ギャザーのバルーンスカート

写真 7, 33ページ
実物大パターン **2**面

【材料】左から S/M/L サイズ
表布：p.7　C&S sunny days コットン（ホワイト）　110cm 幅　2.2m/2.2m/2.2m
　　　　p.33　C&S 洗いざらしのハーフリネンナチュール（ゴールドブラウン）　105cm 幅　2.2m/2.2m/2.2m
接着芯：横6×縦3cm
接着テープ：1.5cm 幅　50cm
ゴムテープ：3.5cm 幅　63/68/73cm

【作り方】
●ひも通し口に接着芯、前スカートのポケット口に接着テープをはる
1　前後中心をそれぞれ縫う
2　ポケットを作る
3　脇を縫う
4　裾を三つ折りにして縫う
5　ベルトにひも通し口（ボタン穴）を作り、左脇にゴムテープ通し口を残してベルトを作る
6　ベルトをつける
7　ひもを作り、ベルトにゴムテープとひもを通す

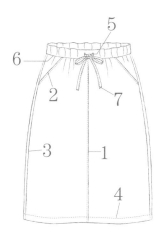

【裁合せ図】
表布

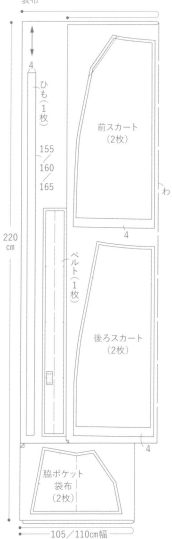

ひも（1枚）

155
160
165

前スカート
（2枚）

わ

4

220
cm

ベルト（1枚）

後ろスカート
（2枚）

4

脇ポケット
袋布
（2枚）

105／110cm幅

＊指定以外の縫い代は1cm
＊□□□ は裏に接着芯、接着テープをはる
＊数字は上からS/M/L
　指定以外は全サイズ共通

【出来上り寸法】単位：cm

サイズ	S	M	L
ウエスト	93.5	98.5	103.5
ヒップ（ウエストから20cm下の位置）	107.5	112	117.5
スカート丈	82	83	84.5

＊ウエストはゴムを伸ばした状態の寸法です。

1 前後中心をそれぞれ縫う

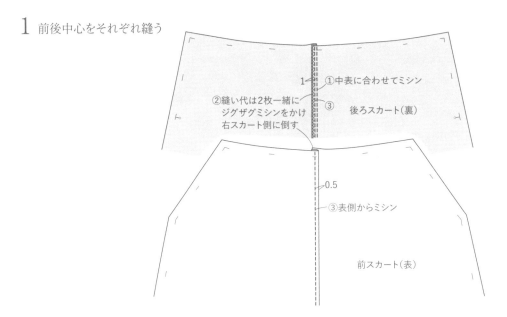

①中表に合わせてミシン

②縫い代は2枚一緒に
ジグザグミシンをかけ
右スカート側に倒す

③

後ろスカート(裏)

0.5

③表側からミシン

前スカート(表)

2 ポケットを作る

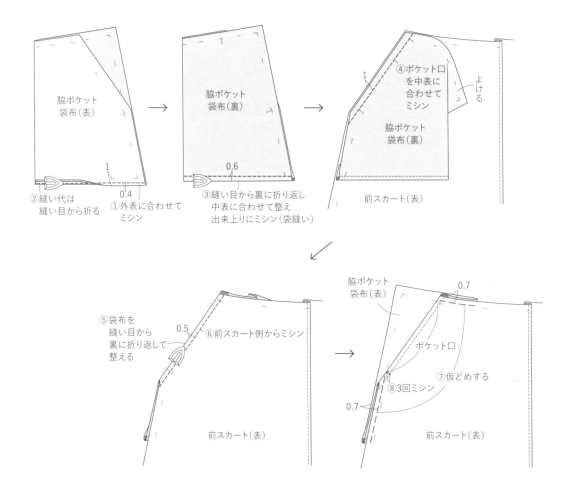

脇ポケット
袋布(表)

②縫い代は
縫い目から折る

①外表に合わせて
ミシン

0.4

1

脇ポケット
袋布(裏)

0.6

③縫い目から裏に折り返し
中表に合わせて整え
出来上りにミシン(袋縫い)

④ポケット口
を中表に
合わせて
ミシン

よける

1

脇ポケット
袋布(裏)

前スカート(表)

⑤袋布を
縫い目から
裏に折り返して
整える

0.5

⑥前スカート側からミシン

前スカート(表)

脇ポケット
袋布(表)

0.7

ポケット口

⑦仮どめする

⑧3回ミシン

0.7

前スカート(表)

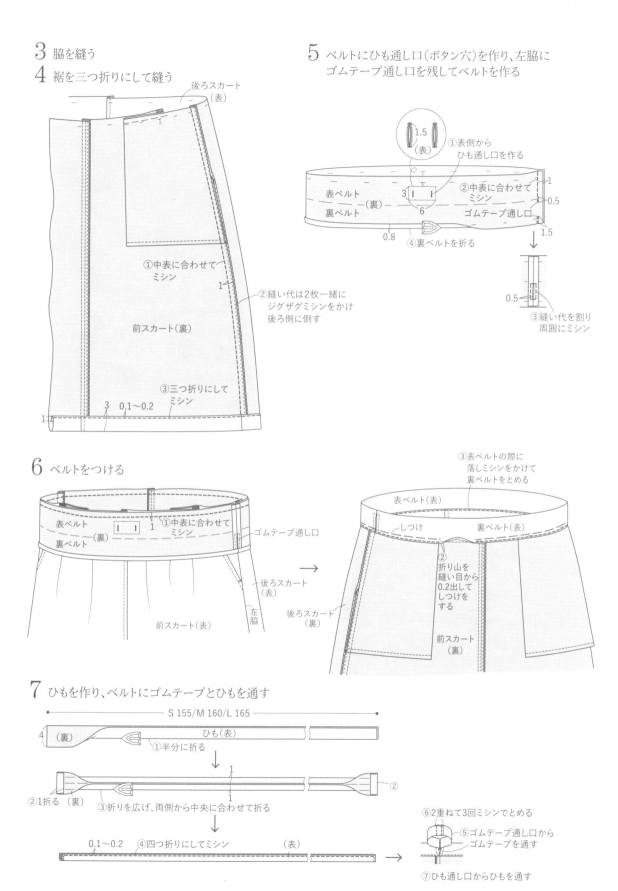

3 脇を縫う
4 裾を三つ折りにして縫う

後ろスカート（表）

①中表に合わせて
ミシン

1

前スカート（裏）

②縫い代は2枚一緒に
ジグザグミシンをかけ
後ろ側に倒す

③三つ折りにして
ミシン

1 3 0.1〜0.2

5 ベルトにひも通し口（ボタン穴）を作り、左脇に
ゴムテープ通し口を残してベルトを作る

1.5
（表）

①表側から
ひも通し口を作る

表ベルト
裏ベルト
（裏）
3
6
②中表に合わせて
ミシン
ゴムテープ通し口
1
0.5
1.5

0.8

④裏ベルトを折る

0.5

③縫い代を割り
周囲にミシン

6 ベルトをつける

表ベルト（表）
裏ベルト
（裏）
1
①中表に合わせて
ミシン
ゴムテープ通し口

後ろスカート
（表）

左脇

前スカート（表）

③表ベルトの際に
落しミシンをかけて
裏ベルトをとめる

表ベルト（表）

しつけ
裏ベルト（表）

②
折り山を
縫い目から
0.2出して
しつけを
する

後ろスカート
（裏）

前スカート
（裏）

7 ひもを作り、ベルトにゴムテープとひもを通す

S 155/M 160/L 165

4
（裏）
ひも（表）
①半分に折る

②1折る（裏）
1
1
②
③折りを広げ、両側から中央に合わせて折る

0.1〜0.2
④四つ折りにしてミシン
（表）

⑥2重ねて3回ミシンでとめる
⑤ゴムテープ通し口から
ゴムテープを通す

⑦ひも通し口からひもを通す

f.3 シンプルドルマンブラウス

写真 28ページ
実物大パターン 1面

【材料】左から S/M/L サイズ
表布：C&S 洗いざらしのハーフリネンダンガリーブロックチェック小（ひよこ）
110cm 幅 1.9m/2m/2m
接着芯：横30×縦50cm
ボタン：直径1cm 1個

【作り方】

● カフス、後ろあき見返しに接着芯をはる

● 後ろあき見返しの周囲にジグザグミシンをかける

1　肩を縫う

2　布ループ（3.5cm×1本）を作る（p.109 基礎参照）

3　布ループをはさんで後ろあきを作り、衿ぐりをバイアス布で始末する

4　脇を縫う

5　裾を三つ折りにして縫う

6　カフスをつける

7　ボタンをつける（p.109 基礎参照）

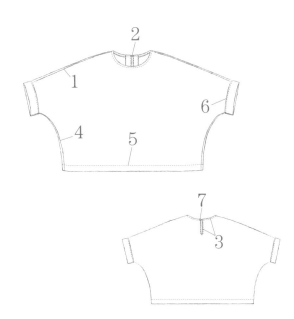

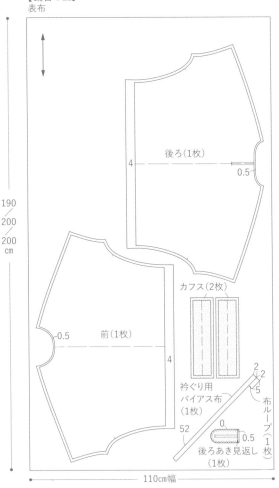

【裁合せ図】
表布

後ろ（1枚）
4　　　0.5

前（1枚）
0.5　　　4

190
200
200
cm

110cm幅

カフス（2枚）

衿ぐり用
バイアス布
（1枚）
52

布ループ（1枚）
2
2
0.5

後ろあき見返し
（1枚）
0

＊指定以外の縫い代は1cm
＊ [　] は裏に接着芯をはる
＊ wwww はジグザグミシンをかける
＊数字は上からS/M/L
　指定以外は全サイズ共通

【出来上り寸法】単位：cm

サイズ	S	M	L
バスト	161	165	170
着丈	53	54	55

1 肩を縫う

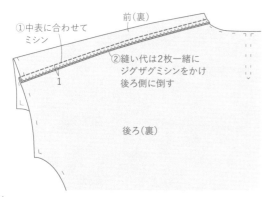

①中表に合わせてミシン
前（裏）
②縫い代は2枚一緒にジグザグミシンをかけ後ろ側に倒す
1
後ろ（裏）

3 布ループをはさんで後ろあきを作り、衿ぐりをバイアス布で始末する

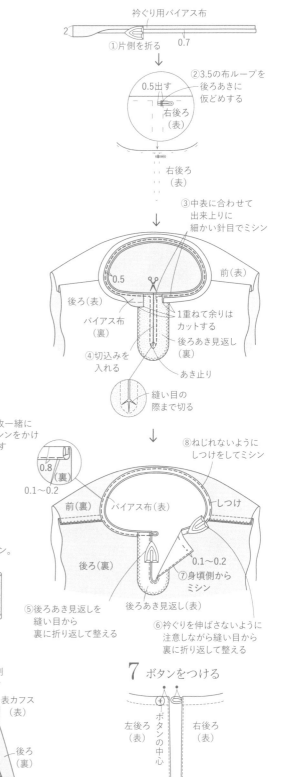

衿ぐり用パイアス布
2
0.7
①片側を折る

②3.5の布ループを後ろあきに仮どめする
0.5出す
右後ろ（表）

右後ろ（表）

③中表に合わせて出来上りに細かい針目でミシン

0.5
後ろ（表）
前（表）
バイアス布（裏）
④切込みを入れる
1重ねて余りはカットする
後ろあき見返し（裏）
あき止り

縫い目の際まで切る

⑧ねじれないようにしつけをしてミシン
0.8（裏）
0.1～0.2
前（裏）
バイアス布（表）
しつけ
後ろ（裏）
0.1～0.2
⑦身頃側からミシン
⑤後ろあき見返しを縫い目から裏に折り返して整える
後ろあき見返し（表）
⑥衿ぐりを伸ばさないように注意しながら縫い目から裏に折り返して整える

4 脇を縫う
5 裾を三つ折りにして縫う

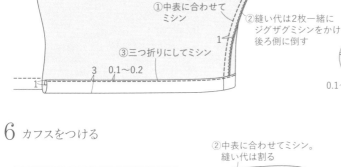

後ろ（表）
前（裏）
①中表に合わせてミシン
②縫い代は2枚一緒にジグザグミシンをかけ後ろ側に倒す
1
③三つ折りにしてミシン
3　0.1～0.2
1

6 カフスをつける

表カフス（裏）
裏カフス
②中表に合わせてミシン。縫い代は割る
表カフス（裏）
裏カフス
1
0.9
①裏カフス側を折る

③中表に合わせてミシン
後ろ（裏）
1
表カフス（裏）
裏カフス
袖下
前（表）

⑤表カフス側からミシン
0.1～0.2
裏カフス（表）
表カフス（表）
0.1
後ろ（裏）
④折り山を縫い目に0.1かぶせてしつけをする
前（裏）

7 ボタンをつける

左後ろ（表）
ボタンの中心
右後ろ（表）

k. くまのぬいぐるみ
写真　30 ページ
実物大パターン　**2**面

【材料】ワンサイズ

表布：C&S ウールマフィーユ(オークベージュ)　120cm 幅 40cm

足つきボタン(クリスタルアイ・目用)：直径 9mm 2個

ボタン(手足用)：直径 1cm 4個

5 番刺繍糸(黒)：適宜

手芸わた：適宜(約80g)

リボン：1cm 幅 55cm

【出来上り寸法】体長約 32cm

【作り方】

1　からだ、頭、手、足、耳をそれぞれ縫う

2　頭とからだを縫い合わせる

3　それぞれにわたを詰め、返し口をまつる

4　頭に耳をつけ、からだに手足をつける

5　目をつけ、鼻と口を刺繍する

6　リボンを結ぶ

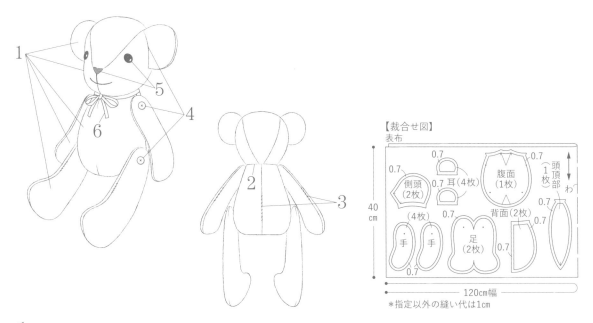

【裁合せ図】
表布

1 からだ、頭、手、足、耳をそれぞれ縫う

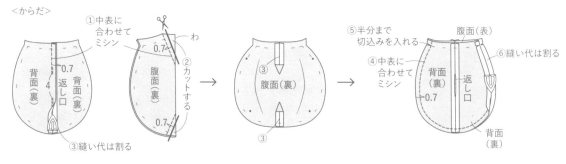

1 の続き

<頭>

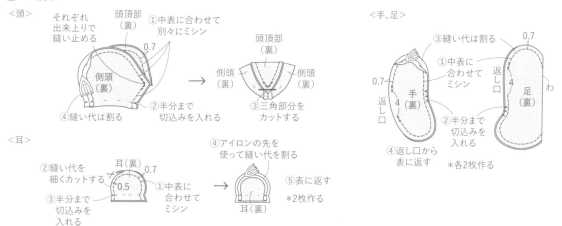

それぞれ
出来上りで
縫い止める

頭頂部（裏）

①中表に合わせて
別々にミシン

0.7

側頭
（裏）

④縫い代は割る

②半分まで
切込みを入れる

頭頂部（裏）

側頭
（裏）

側頭
（裏）

③三角部分を
カットする

<手、足>

③縫い代は割る

0.7

①中表に
合わせて
ミシン

返し口

足
（裏）

わ

0.7

返し口

手
（裏）

4

4

②半分まで
切込みを
入れる

④返し口から
表に返す

*各2枚作る

<耳>

②縫い代を
細くカットする

耳（裏） 0.7

0.5

①中表に
合わせて
ミシン

③半分まで
切込みを
入れる

④アイロンの先を
使って縫い代を割る

⑤表に返す

*2枚作る

耳（裏）

2 頭とからだを縫い合わせる

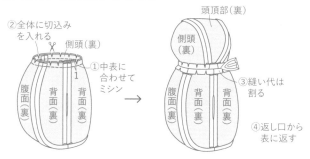

②全体に切込み
を入れる

頭頂部（裏）

側頭（裏）

①中表に
合わせて
ミシン

腹面
（裏）

背面
（裏）

1

背面
（裏）

側頭
（裏）

頭頂部（裏）

腹面
（裏）

背面
（裏）

背面
（裏）

③縫い代は
割る

④返し口から
表に返す

3 それぞれにわたを詰め、返し口をまつる

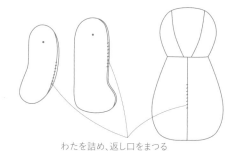

わたを詰め、返し口をまつる

4 頭に耳をつけ、からだに手足をつける

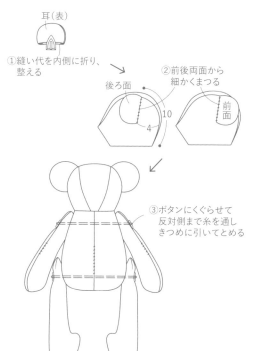

耳（表）

①縫い代を内側に折り、
整える

②前後両面から
細かくまつる

後ろ面

前面

10

4

③ボタンにくぐらせて
反対側まで糸を通し
きつめに引いてとめる

5 目をつけ、鼻と口を刺繍する
6 リボンを結ぶ

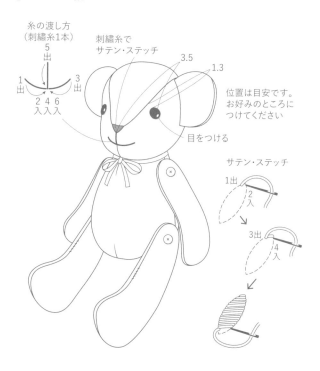

糸の渡し方
（刺繍糸1本）

5
出

1
出

3
出

2 4 6
入 入 入

刺繍糸で
サテン・ステッチ

3.5

1.3

位置は目安です。
お好みのところに
つけてください

目をつける

サテン・ステッチ

1出

2
入

3出

4
入

*l.*1　ギャザースリーブのブラウス

写真　32, 39 ページ
実物大パターン　**3**面

【材料】左から S/M/L サイズ

表布：p.32　リバティプリント Ros（◎J21C イエロー系）　108cm 幅　2m/2m/2.1m
　　　p.39　C&S よそいきのハーフリネン（そらいろ）　120cm 幅　1.6m/1.7m/1.8m

接着芯：横 15×縦 20cm
ボタン：直径 1cm　1個

【作り方】

● 後ろあき見返しに接着芯をはり、周囲にジグザグミシンをかける

1　肩を縫う
2　布ループ（3.5cm×1本）を作る（p.109 基礎参照）
3　布ループをはさんで後ろあきを作り、衿ぐりをバイアス布で始末する（p.83 **3** 参照）
4　脇を縫う
5　裾を三つ折りにして縫う
6　袖を作る
7　袖をつける
8　ボタンをつける（p.93 **9**、p.109 基礎参照）

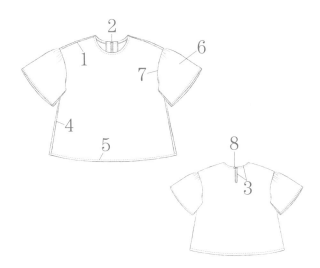

【裁合せ図】
p.32・表布

*指定以外の縫い代は1cm
* ▨ は裏に接着芯をはる
* 〰 はジグザグミシンをかける
* 数字は上からS/M/L
　指定以外は全サイズ共通

【出来上り寸法】単位：cm

サイズ	S	M	L
バスト	105	109	114
着丈	55.5	56.5	57.5
袖丈	22	22.5	23

1 肩を縫う

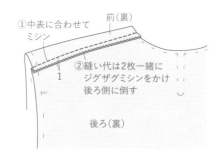

①中表に合わせて
ミシン
前(裏)
1
②縫い代は2枚一緒に
ジグザグミシンをかけ
後ろ側に倒す
後ろ(裏)

4 脇を縫う
5 裾を三つ折りにして縫う

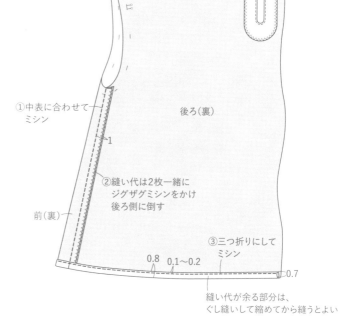

①中表に合わせて
ミシン
1
後ろ(裏)
②縫い代は2枚一緒に
ジグザグミシンをかけ
後ろ側に倒す
前(裏)
③三つ折りにして
ミシン
0.8 0.1～0.2
0.7
縫い代が余る部分は、
ぐし縫いして縮めてから縫うとよい

6 袖を作る

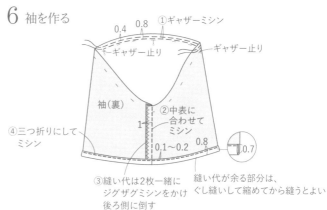

①ギャザーミシン
0.4 0.8
ギャザー止り   ギャザー止り
袖(裏)
②中表に
合わせて
ミシン
1
④三つ折りにして
ミシン
0.1～0.2   0.8   0.7
③縫い代は2枚一緒に
ジグザグミシンをかけ
後ろ側に倒す
縫い代が余る部分は、
ぐし縫いして縮めてから縫うとよい

7 袖をつける

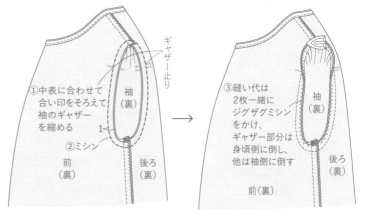

①中表に合わせて
合い印をそろえて
袖のギャザー
を縮める
②ミシン
1
袖(裏)
ギャザー止り
前(裏)   後ろ(裏)
→
③縫い代は
2枚一緒に
ジグザグミシン
をかけ、
ギャザー部分は
身頃側に倒し、
他は袖側に倒す
袖(裏)
前(裏)   後ろ(裏)

【裁合せ図】
p.39・表布

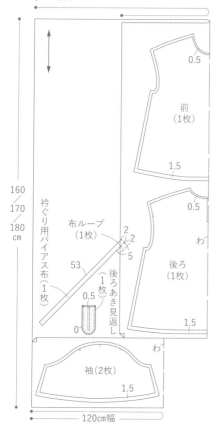

前
(1枚)
0.5
1.5
後ろ
(1枚)
0.5
わ
2 2
5
53
布ループ
(1枚)
衿ぐり用バイアス布
(1枚)
後ろあき見返し
(1枚)
0.5
0
1.5
袖(2枚)
わ
1.5
160
170
180
cm
120cm幅

＊指定以外の縫い代は1cm
＊▒▒は裏に接着芯をはる
＊〜〜〜はジグザグミシンをかける
＊数字は上からS/M/L
　指定以外は全サイズ共通

*a.*2 フロントリボンのパフブラウス 写真 34 ページ 実物大パターン 1 面

【材料】全サイズ共通

表布：リバティプリント Millie（◎J11C マスタード） 108cm 幅 2m

接着芯：横 30×縦 40cm

ボタン：直径 1cm 1 個

【作り方】

● カフス、後ろあき見返し、ひも通し口に接着芯をはる

● 後ろあき見返しの周囲にジグザグミシンをかける

1 肩を縫う（p.83 1 参照）

2 布ループ（3.5cm×1本）を作る（p.109 基礎参照）

3 布ループをはさんで後ろあきを作り、衿ぐりをバイアス布で始末する（p.83 3 参照）

4 脇を縫う

5 前身頃にひも通し口（ボタン穴）を作る

6 裾を三つ折りにして縫う

7 袖を作る（p.60 6 参照）

8 袖をつける（p.60 7 参照）

9 ひもを作り、裾に通す

10 ボタンをつける（p.109 基礎参照）

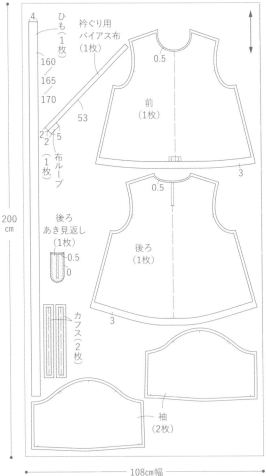

【裁合せ図】
表布

＊指定以外の縫い代は1cm

＊ ▨ は裏に接着芯をはる

＊〰〰〰 はジグザグミシンをかける

＊数字は上からS/M/L
　指定以外は全サイズ共通

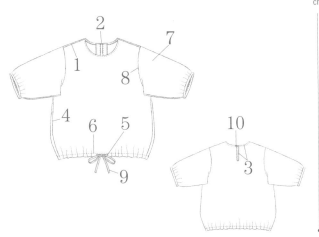

【出来上り寸法】単位：cm

サイズ	S	M	L
バスト	105	109	114
着丈	59	60	61
袖丈	30.5	31	31.5

4 脇を縫う
5 前身頃にひも通し口（ボタン穴）を作る

前（裏）

①中表に合わせて
ミシン

②縫い代は2枚一緒に
ジグザグミシンをかけ
後ろ側に倒す

1

1.3
（表）

③表側からひも通し口
（ボタン穴）を作る

2

5

後ろ（表）

6 裾を三つ折りにして縫う

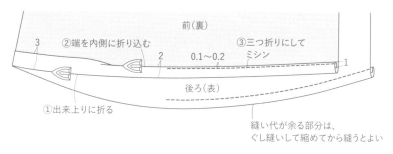

前（裏）

3

②端を内側に折り込む

2

0.1〜0.2

③三つ折りにして
ミシン

1

①出来上りに折る

後ろ（表）

縫い代が余る部分は、
ぐし縫いして縮めてから縫うとよい

9 ひもを作り、裾に通す

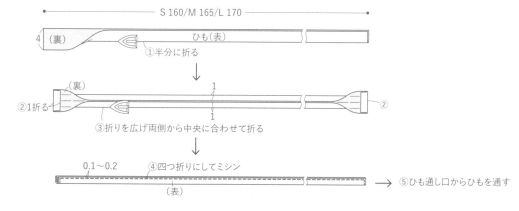

─ S 160/M 165/L 170 ─

4（裏）

ひも（表）

①半分に折る

（裏）

②1折る

1
1

②

③折りを広げ両側から中央に合わせて折る

0.1〜0.2

④四つ折りにしてミシン

（表）

⑤ひも通し口からひもを通す

n. フラワーブーケのバッグ

写真　39ページ
実物大パターン　なし

【材料】ワンサイズ
表布：C&Sコットンパピエストライプ（サックス・7mm幅）　105cm幅　80cm
裏布：力織機で織ったコットン（ホワイト）　110cm幅　60cm
綿テープ：持ち手　2cm幅　2.6m（90cm×2本、40cm×2本）
　　　　　リボン　0.8cm幅　1.2m（A 30cm×2本、B 60cm×1本）
【出来上り寸法】46×58cm（いちばん広いところ）
【作り方】
1　ポケット口を三つ折りにして縫う
2　表布と裏布の間にポケット、持ち手、リボンAをはさみ、返し口を残して周囲を縫う
3　表に返して整え、返し口をまつる。周囲にステッチをかけ、リボンBをつける

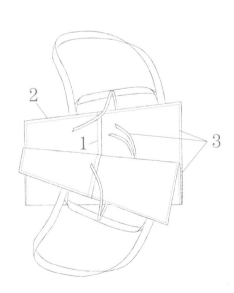

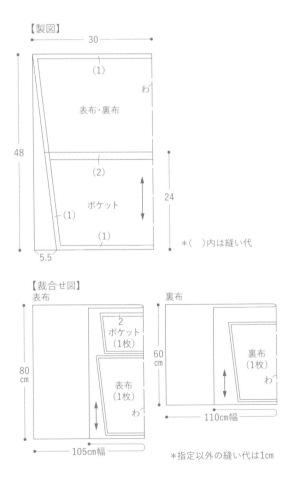

【製図】

表布・裏布

（1）

（2）

ポケット

わ

30

48

24

5.5

*（　）内は縫い代

【裁合せ図】

表布

2
ポケット
（1枚）

表布
（1枚）

わ

80
cm

105cm幅

裏布

裏布
（1枚）

わ

60
cm

110cm幅

*指定以外の縫い代は1cm

1 ポケット口を三つ折りにして縫う

1

1 0.1
～
0.2 三つ折りにして
ミシン

ポケット（表）

2 表布と裏布の間にポケット、持ち手、リボンAをはさみ、返し口を残して周囲を縫う

0.8

①しつけまたは
ミシンで仮どめする

裏布（表）

ポケット
（表）

持ち手90　リボンA

表布（表）

持ち手40

①

14
0.8

5

→

1

1

0.3　④カットする

②中表に合わせて
ミシン

1

1

表布（裏）

10
返し口

③縫い代を割る

3 表に返して整え、返し口をまつる。
周囲にステッチをかけ、リボンBをつける

①返し口から
表に返して整える

⑤斜めにカット

裏布（表）

ポケット（表）

④幅の中央に
3回ミシンで
とめる

②
返し口を
まつる

⑤

0.5

リボンB

12

③表布側
から
ミシン

表布（表）

l.2 ギャザースリーブのワンピース

写真　37ページ
実物大パターン　**3**面

【材料】左からS/M/Lサイズ

表布：リバティプリント Maria（CE ブルー系）　108cm 幅

3m/3m/3.1m

接着芯 … 横15×縦20cm

接着テープ … 1.5cm 幅 40cm

ボタン … 直径1cm 1個

【作り方】

●後ろあき見返しに接着芯、前ポケット口に接着テープをはる

●後ろあき見返しの周囲、前ポケット口、袋布 A のポケット口
にジグザグミシンをかける

1　肩を縫う（p.87 **1** 参照）

2　布ループ（3.5cm×1 本）を作る（p.109 基礎参照）

3　布ループをはさんで後ろあきを作り、衿ぐりをバイアス布
　で始末する（p.83 **3** 参照）

4　ポケット口を残して、脇を縫う

5　ポケットを作る（p.111 ポケットの縫い方 B 参照）

6　裾を三つ折りにして縫う

7　袖を作る（p.87 **6** 参照）

8　袖をつける（p.87 **7** 参照）

9　ボタンをつける（p.109 基礎参照）

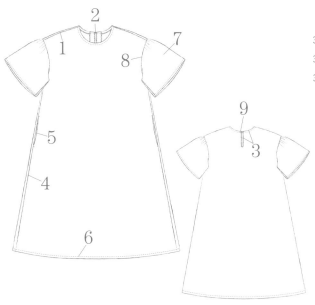

【出来上り寸法】単位：cm

サイズ	S	M	L
バスト	105	109	114
着丈	106	108	110
袖丈	22	22.5	23

＊モデル（身長 167cm）は M サイズを
　着丈 +10cm で製作して着用しています。

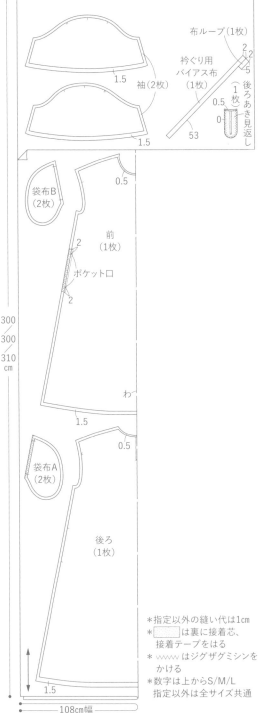

【裁合せ図】
表布

布ループ（1枚）

衿ぐり用
バイアス布
（1枚）

袖（2枚）

後ろあき見返し
（1枚）

1.5

0.5

0

53

0.5

袋布B
（2枚）

前
（1枚）

ポケット口

2

2

0.5

わ

1.5

0.5

袋布A
（2枚）

後ろ
（1枚）

300/
300/
310
cm

1.5

108cm幅

＊指定以外の縫い代は1cm

＊□□□ は裏に接着芯、
　接着テープをはる

＊ ∿∿∿ はジグザグミシンを
　かける

＊数字は上からS/M/L
　指定以外は全サイズ共通

4 ポケット口を残して脇を縫う

6 裾を三つ折りにして縫う

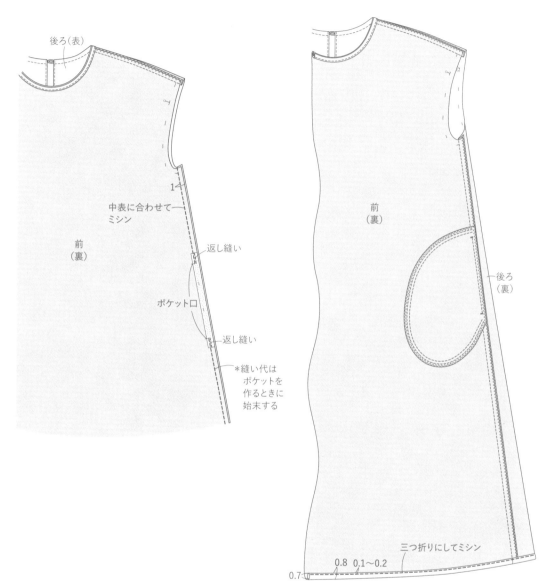

後ろ（表）

前（裏）

14

中表に合わせて
ミシン

返し縫い

ポケット口

返し縫い

*縫い代は
ポケットを
作るときに
始末する

前（裏）

後ろ（裏）

三つ折りにしてミシン

0.8　0.1～0.2

0.7

9 ボタンをつける

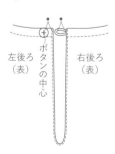

左後ろ（表）

右後ろ（表）

ボタンの中心

d.

子ども
ギャザースリーブのワンピース

写真　13ページ
実物大パターン　**4**面

【材料】左から 100/110/120/130/140 サイズ
表布：C&S コットンパピエギンガムチェック（スタンダードピンク・7mm 幅）
105cm 幅　1.7m/1.9m/2m/2.2m/2.4m
接着芯 … 横15×縦20cm
接着テープ … 1.5cm 幅 40cm
ボタン … 直径1cm 1個
【作り方】
p.92 *l.2* ギャザースリーブのワンピースを参照

【裁合せ図】
表布

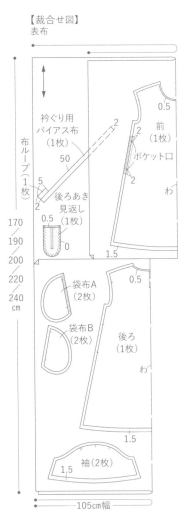

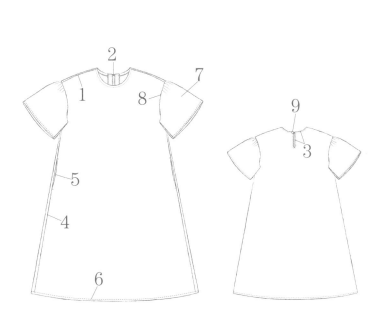

*指定以外の縫い代は1cm
* ▨ は裏に接着芯、接着テープをはる
* 〜〜〜 はジグザグミシンをかける
*数字は上から100/110/120/130/140
　指定以外は全サイズ共通

【 出来上り寸法 】単位：cm

サイズ	100	110	120	130	140
バスト	74	78	82	86	90
着丈	63	69	75	81	87
袖丈	13	15	17	18.5	20.5

$o.1$ チャイナジャケット

写真　40ページ
実物大パターン　3面

【材料】全サイズ共通
表布：C&S sunny days check（ブルー × ホワイト）
110cm幅　2.3m/2.3m/2.4m
接着芯：横25×縦70cm
接着テープ：1.5cm幅　40cm

【作り方】
● 前見返しに接着芯、前のポケット口に接着テープをはる
● 前見返しの奥、前、袋布Aのポケット口にジグザグミシンをかける

1　肩を縫う
2　袖をつける
3　ポケット口を残して、脇と袖下を続けて縫う
4　ポケットを作る（p.111 ポケットの縫い方B参照）
5　袋布を身頃に縫いとめる
6　見返しの裾を縫い、前端を整える
7　裾を三つ折りにして縫う
8　見返しの奥を身頃に縫いとめる
9　袖口を三つ折りにして縫う
10　衿ぐりをバイアス布でくるむ
11　布ループと玉ボタンを作り、つける

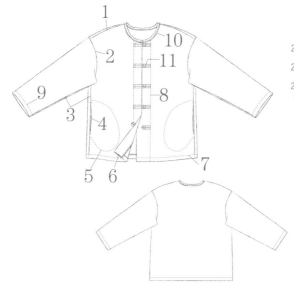

【出来上り寸法】単位：cm

サイズ	S	M	L
バスト	104	108	113
着丈	61.5	62.5	63.5
袖丈	45	46	47

【裁合せ図】
表布

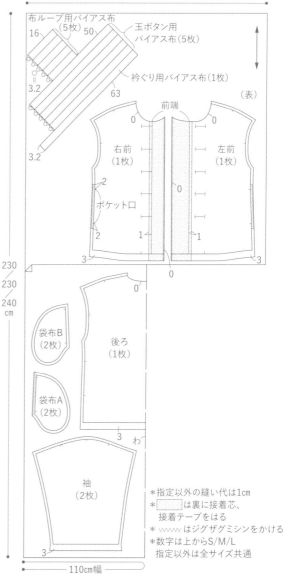

布ループ用バイアス布（5枚）
16　50
玉ボタン用バイアス布（5枚）
衿ぐり用バイアス布（1枚）
3.2　63　（表）
3.2
前端
0　0
右前（1枚）　左前（1枚）
0
2
ポケット口
2
1　1
2
3　3
0
230 230 240 cm
0
袋布B（2枚）
後ろ（1枚）
袋布A（2枚）
3　わ
袖（2枚）
3
110cm幅

*指定以外の縫い代は1cm
* □ は裏に接着芯、接着テープをはる
* wwww はジグザグミシンをかける
*数字は上からS/M/L 指定以外は全サイズ共通

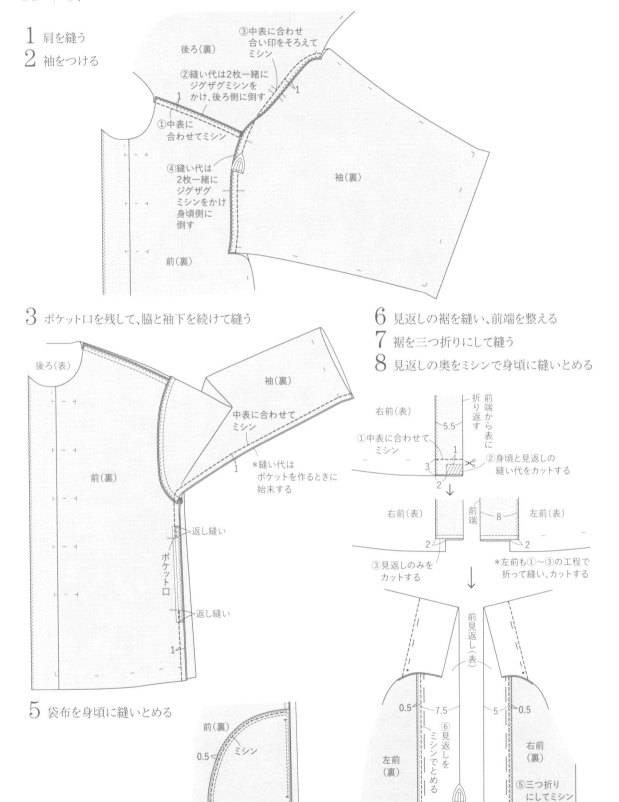

1 肩を縫う
2 袖をつける

後ろ(裏)

③中表に合わせ
合い印をそろえて
ミシン

②縫い代は2枚一緒に
ジグザグミシンを
かけ、後ろ側に倒す

①中表に
合わせてミシン

④縫い代は
2枚一緒に
ジグザグ
ミシンをかけ
身頃側に
倒す

袖(裏)

前(裏)

3 ポケット口を残して、脇と袖下を続けて縫う

後ろ(表)

袖(裏)

中表に合わせて
ミシン

前(裏)

*縫い代は
ポケットを作るときに
始末する

返し縫い

ポケット口

返し縫い

5 袋布を身頃に縫いとめる

前(裏)

0.5 ミシン

6 見返しの裾を縫い、前端を整える
7 裾を三つ折りにして縫う
8 見返しの奥をミシンで身頃に縫いとめる

右前(表)

前端から表に折り返す

5.5

①中表に合わせて
ミシン

1

3

②身頃と見返しの
縫い代をカットする

2

右前(表)

前端

8

左前(表)

2

2

③見返しのみを
カットする

*左前も①〜③の工程で
折って縫い、カットする

前見返し(表)

0.5 7.5

5 0.5

左前
(裏)

⑥見返しを
ミシンで
とめる

しつけ

右前
(裏)

⑤三つ折り
にしてミシン

2
4

0.1〜0.2

4

1

④表に返し、見返しの奥にしつけをする

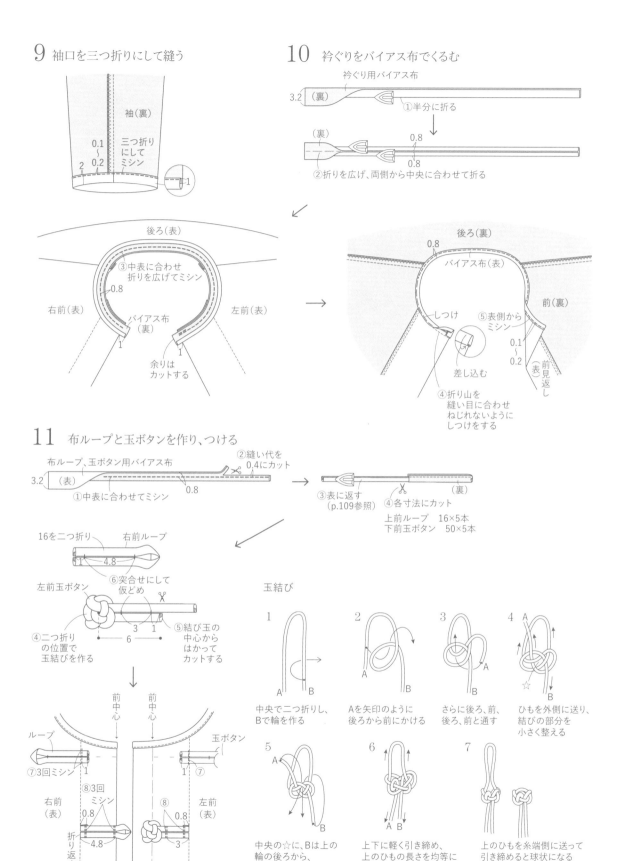

9　袖口を三つ折りにして縫う

袖（裏）

三つ折りにしてミシン

0.1～0.2

2

1

10　衿ぐりをバイアス布でくるむ

衿ぐり用バイアス布

3.2　（裏）

①半分に折る

（裏）

0.8

0.8

②折りを広げ、両側から中央に合わせて折る

後ろ（表）

③中表に合わせ折りを広げてミシン

0.8

右前（表）

バイアス布（裏）

左前（表）

1

余りはカットする

後ろ（裏）

0.8

バイアス布（表）

前（裏）

しつけ

⑤表側からミシン

0.1～0.2

前見返し（表）

差し込む

④折り山を縫い目に合わせねじれないようにしつけをする

11　布ループと玉ボタンを作り、つける

布ループ、玉ボタン用バイアス布

3.2　（表）

①中表に合わせてミシン

0.8

②縫い代を0.4にカット

③表に返す（p.109参照）

④各寸法にカット
上前ループ　16×5本
下前玉ボタン　50×5本

（裏）

16を二つ折り

右前ループ

1

4.8

⑥突合せにして仮どめ

左前玉ボタン

④二つ折りの位置で玉結びを作る

3　1

6

⑤結び玉の中心からはかってカットする

ループ

⑦3回ミシン

1

玉ボタン

1　⑦

前中心　前中心

右前（表）

⑧3回ミシン

0.8

4.8

折り返す

⑧

0.8

3

左前（表）

玉結び

1
中央で二つ折りし、Bで輪を作る
A　B

2
Aを矢印のように後ろから前にかける
A　B

3
さらに後ろ、前、後ろ、前と通す
A

4
ひもを外側に送り、結びの部分を小さく整える
A
☆
B

5
中央の☆に、Bは上の輪の後ろから、Aは前から通す
A
B

6
上下に軽く引き締め、上のひもの長さを均等に残してゆるみを順に下へ送り、引き締める
A　B

7
上のひもを糸端側に送って引き締めると球状になる

b.2 後ろゴムのギャザーサロペット

写真　41ページ
実物大パターン　**1**面

【材料】左からS/M/Lサイズ

表布：C&Sリネンプリマベーラ（ダークブルー）　110cm幅　2.6m/2.6m/2.6m

接着芯：横25×縦70cm/75cm/80cm

接着テープ：1.5cm幅　40cm

ゴムテープ：1.5cm幅　63cm（21cm×3本）/66cm（22cm×3本）/69cm（23cm×3本）

【作り方】

● 表裏前ベルトに接着芯、前パンツのポケット口に接着テープをはる

● 前パンツ、袋布Aのポケット口にジグザグミシンをかける

1　ポケット口を残して、脇を縫う（p.69 **1** 参照）

2　ポケットを作る（p.111 ポケットの縫い方B 参照）

3　股下を縫う

4　裾を三つ折りにして縫う

5　股ぐりを縫い、上端にギャザーを寄せる

6　ループと肩ひもを作る

7　ループと肩ひもをはさみ、ベルトを作る

8　ベルトをつける

9　後ろベルトにゴムテープを通し、前ベルトではさんで縫う

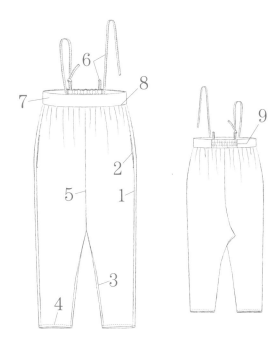

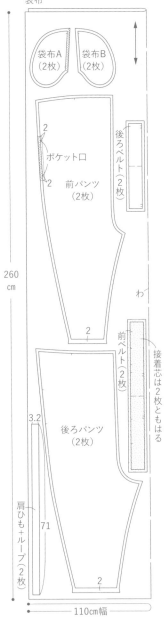

【裁合せ図】
表布

袋布A（2枚）
袋布B（2枚）
後ろベルト（2枚）
前パンツ（2枚）
2
ポケット口
2
260cm
わ
2
前ベルト（2枚）
接着芯は2枚ともはる
3.2
後ろパンツ（2枚）
肩ひも＋ループ（2枚）
71
2
110cm幅

＊指定以外の縫い代は1cm

＊ ▨ は裏に接着芯、接着テープをはる

＊ 〰 はジグザグミシンをかける

＊数字は全サイズ共通

【出来上り寸法】単位：cm

サイズ	S	M	L
バスト	98.5	102.5	107.5
股下	45	45.5	46.5
後ろパンツ丈（ベルト含む）	108	109.5	111

＊バストはゴムを伸ばした状態の寸法です。

＊モデル（身長167cm）はMサイズを
　パンツ股下＋6cmで製作して着用しています。

3 股下を縫う

4 裾を三つ折りにして縫う

5 股ぐりを縫い、上端にギャザーを寄せる

⑥ギャザーミシン
0.4　0.8
前パンツ（表）
ギャザー止り
前パンツ（裏）
ギャザー止り
ギャザー止り
後ろパンツ（裏）
⑤2枚一緒にジグザグミシンをかけ、縫い代は右パンツ側に倒す
1
④中表に合わせて2重にミシン
①中表に合わせてミシン
1
0.1〜0.2
1
③三つ折りにしてミシン
②縫い代は2枚一緒にジグザグミシンをかけ、後ろ側に倒す

6 ループと肩ひもを作る

3.2　（裏）
①半分に折る　　肩ひも＋ループ（表）

（裏）　　0.8
②1折る　　　　0.8
③折りを広げ、両側から中央に合わせて折る

0.1
④四つ折りにしてミシン　肩ひも（表）
⑤カット　ループ（表）
肩ひも60
ループ10
＊各2本作る

7 ループと肩ひもをはさみ、ベルトを作る

②中表に合わせてミシン
①ループ位置に半分に折ったループを仮どめする
1　　　　　　0.7
裏後ろベルト（裏）
表後ろベルト（表）

1　　　　　　0.7
①肩ひも位置に肩ひもを仮どめする
裏前ベルト（裏）
表前ベルト（表）
肩ひも（表）

③縫い目から折り返す
④表裏後ろベルトを合わせてミシン
2
2
⑤出来上りに折る
1
表後ろベルト（表）
⑥後ろベルトを差し込む
裏前ベルト（裏）
表前ベルト（表）

⑦後ろベルトの出来上りまで前ベルトではさみ、まち針でとめる
表後ろベルト（表）
裏前ベルト（裏）
表前ベルト（表）
裏後ろベルト（裏）
1
0.8
⑧表ベルトと裏ベルトをそれぞれ重ね、縫い代にミシン
0.8
⑨裏ベルトを折る
反対側も、⑤〜⑧の工程で縫い、輪にする

8 ベルトをつける

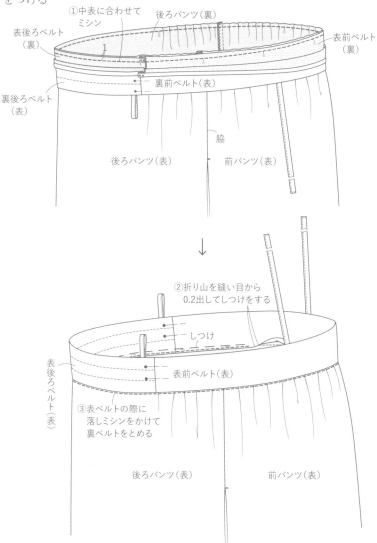

①中表に合わせて
ミシン

後ろパンツ（裏）

表後ろベルト
（裏）

表前ベルト
（裏）

1

裏前ベルト（表）

裏後ろベルト
（表）

脇

後ろパンツ（表）　　　前パンツ（表）

②折り山を縫い目から
0.2出してしつけをする

しつけ

表後ろベルト（表）

表前ベルト（表）

③表ベルトの際に
落しミシンをかけて
裏ベルトをとめる

後ろパンツ（表）　　　前パンツ（表）

9 後ろベルトにゴムテープを通し、前ベルトではさんで縫う

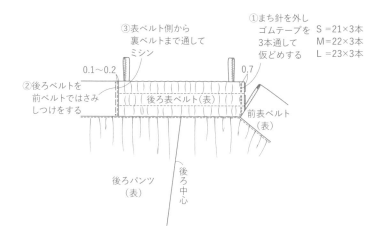

③表ベルト側から
裏ベルトまで通して
ミシン

①まち針を外し
ゴムテープを
3本通して
仮どめする

S ＝21×3本
M＝22×3本
L ＝23×3本

0.1～0.2

0.7

②後ろベルトを
前ベルトではさみ
しつけをする

後ろ表ベルト（表）

前表ベルト
（表）

後ろパンツ
（表）

後ろ中心

j.2 ブリティッシュジャケット

写真　45ページ
実物大パターン　2面

【材料】左から S/M/L サイズ
表布：力織機で織ったコットン（ホワイト）　110cm幅　2.4m/2.4m/2.6m
接着芯：90cm幅　75cm
ボタン：直径1.5cm　5個

【作り方】
● 前後見返し、表衿に接着芯をはる
● 前後見返しの奥、ポケットの周囲にジグザグミシンをかける

1　ポケットをつける
2　後ろ中心のタックをたたむ
3　肩を縫う(p.96 1 参照)
4　袖をつける(p.96 2 参照)
5　脇と袖下を続けて縫う
6　袖口を三つ折りにして縫う
7　衿を作る
8　身頃と見返しで衿をはさみ、衿ぐり、前端、見返しの裾を縫う
9　裾を三つ折りにして縫う
10　ボタン穴を作り、ボタンをつける(p.109 基礎参照)

【裁合せ図】
表布

前見返し（2枚）
表衿（1枚）
裏衿（1枚）
後ろ見返し（1枚）
ポケット（2枚）
3.5
前（2枚）
後ろ（1枚）
袖（2枚）
3

240
240
260
cm

110cm幅

＊指定以外の縫い代は1cm
＊ ▨ は裏に接着芯をはる
＊〜〜〜 はロックミシンをかける
＊数字は上からS/M/L

1 ポケットをつける

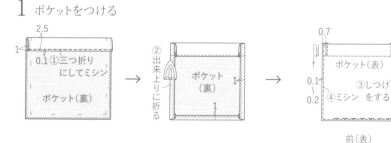

2.5
1
0.1 ①三つ折り
　にしてミシン
ポケット（裏）

②出来上りに折る
ポケット（裏）
1
1

0.7
ポケット（表）
0.1〜0.2
③しつけ
④ミシンをする

前（表）

【出来上り寸法】単位：cm

サイズ	S	M	L
バスト	155	159	164
着丈	60	61	62
袖丈	42	43	44

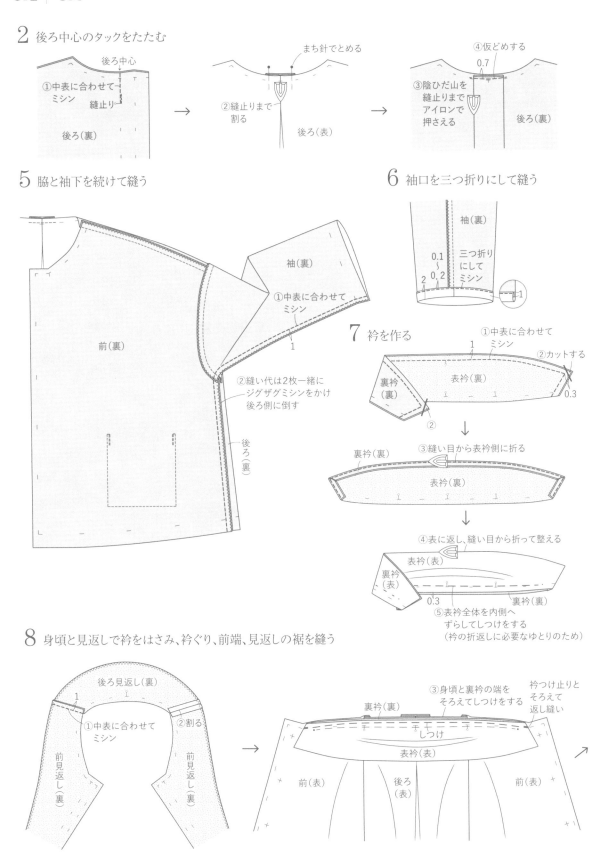

2 後ろ中心のタックをたたむ

①中表に合わせて
ミシン
後ろ中心
縫止り
後ろ(裏)

→

②縫止りまで
割る
まち針でとめる
後ろ(表)

→

③陰ひだ山を
縫止りまで
アイロンで
押さえる
④仮どめする
0.7
後ろ(裏)

5 脇と袖下を続けて縫う

前(裏)

後ろ(裏)

①中表に合わせて
ミシン
袖(裏)
1

②縫い代は2枚一緒に
ジグザグミシンをかけ
後ろ側に倒す

6 袖口を三つ折りにして縫う

袖(裏)
三つ折り
にして
ミシン
0.1
～
0.2
2
4
1

7 衿を作る

①中表に合わせて
ミシン
1
②カットする
裏衿
(裏)
表衿(裏)
0.3
②

↓

③縫い目から表衿側に折る
裏衿(裏)
表衿(裏)

↓

④表に返し、縫い目から折って整える
表衿(表)
裏衿
(表)
0.3
裏衿(裏)
⑤表衿全体を内側へ
ずらしてしつけをする
(衿の折返しに必要なゆとりのため)

8 身頃と見返しで衿をはさみ、衿ぐり、前端、見返しの裾を縫う

後ろ見返し(裏)
1
①中表に合わせて
ミシン
②割る
前見返し
(裏)
前見返し
(裏)

→

裏衿(裏)
③身頃と裏衿の端を
そろえてしつけをする
衿つけ止りと
そろえて
返し縫い
しつけ
表衿(表)
前(表)
後ろ
(表)
前(表)

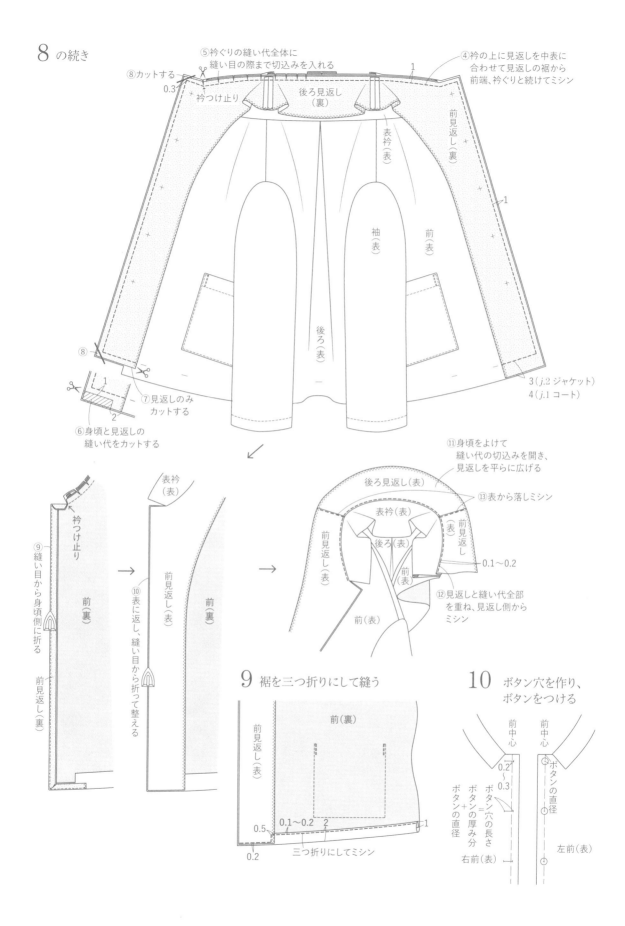

8 の続き

⑤衿ぐりの縫い代全体に縫い目の際まで切込みを入れる

④衿の上に見返しを中表に合わせて見返しの裾から前端、衿ぐりと続けてミシン

⑧カットする
0.3

衿つけ止り

後ろ見返し（裏）

表衿（表）

前見返し（裏）

袖（表）

前（表）

後ろ（表）

1

1

3（j.2 ジャケット）
4（j.1 コート）

⑧

⑦見返しのみカットする

1

2

⑥身頃と見返しの縫い代をカットする

表衿（表）

衿つけ止り

⑨縫い目から身頃側に折る

前（裏）

前見返し（裏）

→

前見返し（表）

前（裏）

⑩表に返し、縫い目から折って整える

→

⑪身頃をよけて縫い代の切込みを開き、見返しを平らに広げる

後ろ見返し（表）

表衿（表）

⑬表から落しミシン

前見返し（表）

前見返し（表）

後ろ（表）

前（表）

0.1〜0.2

⑫見返しと縫い代全部を重ね、見返し側からミシン

前（表）

---

9 裾を三つ折りにして縫う

前（裏）

前見返し（表）

0.5

0.2

0.1〜0.2　2

1

三つ折りにしてミシン

---

10 ボタン穴を作り、ボタンをつける

前中心

前中心

0.2〜0.3

ボタン穴の長さ＝ボタンの厚み分＋ボタンの直径

ボタンの直径

ボタンの直径

右前（表）

左前（表）

o.2 キルティングジャケット

写真　42 ページ
実物大パターン　**3** 面

【材料】左から S/M/L サイズ

表布：C&S 海のブロードキルティング（ネイビー）　100cm 幅　1.9m/2m/2m

別布：C&S 海のブロード（ネイビー）　110cm 幅　40cm

C&S フレンチコーデュロイバイアステープ（ダークネイビー）：10mm 幅
3.5m/3.6m/3.7m

接着テープ：1.5cm 幅　40cm

ボタン：直径2cm　5個

【作り方】

● 前のポケット口に接着テープをはる

● 肩、脇、袖下、袋布 A、B のポケット口にジグザグミシンをかける

1　肩を縫う

2　袖をつける

3　ポケット口を残して、脇と袖下を続けて縫う

4　ポケットを作る（p.110 ポケットの縫い方 A 参照）

5　袋布を身頃に縫いとめる

6　衿ぐり、前端、裾と袖口をバイアステープでくるむ

7　ボタン穴を作り、ボタンをつける（p.109 基礎参照）

【裁合せ図】
表布

後ろ
（1枚）

前
（2枚）

ポケット口

袖
（2枚）

190
200
200
cm

110cm幅

別布

袋布A
（2枚）

袋布B
（2枚）

40
cm

110cm幅

*指定以外の縫い代は1cm
*▨▨▨ は裏に接着テープをはる
* wwww はジグザグミシンをかける
*数字は上からS/M/L
*キルトミシンのステッチがほつれてこないよう
　裁断後すぐに仮どめミシンをかけておく

【出来上り寸法】単位：cm

サイズ	S	M	L
バスト	104	108	113
着丈	61.5	62.5	63.5
袖丈	45	46	47

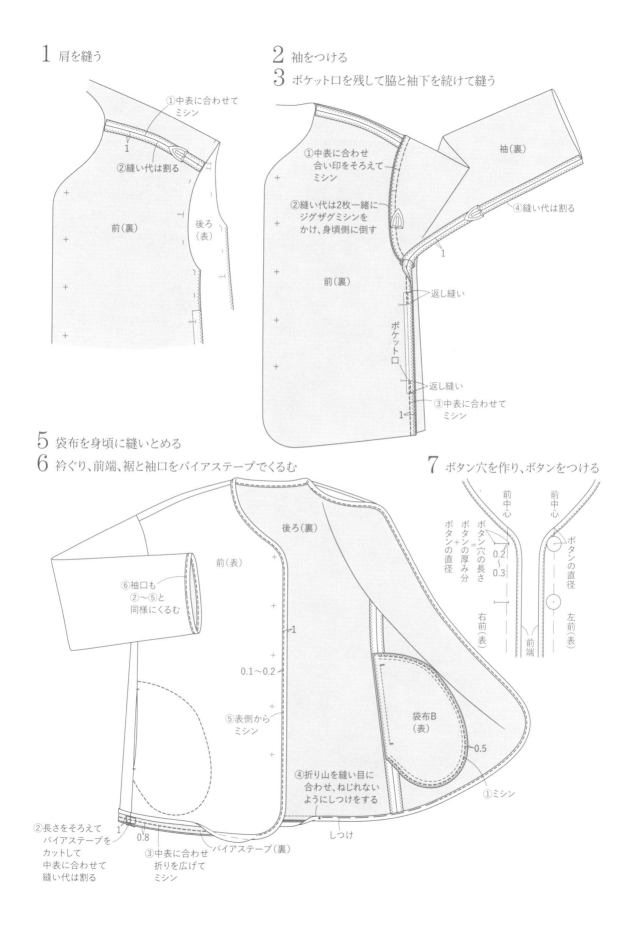

1 肩を縫う

①中表に合わせて
ミシン

②縫い代は割る

1

前(裏)

後ろ(表)

2 袖をつける

3 ポケット口を残して脇と袖下を続けて縫う

①中表に合わせ
合い印をそろえて
ミシン

②縫い代は2枚一緒に
ジグザグミシンを
かけ、身頃側に倒す

前(裏)

袖(裏)

④縫い代は割る

1

返し縫い

ポケット口

返し縫い

③中表に合わせて
ミシン

1

5 袋布を身頃に縫いとめる

6 衿ぐり、前端、裾と袖口をバイアステープでくるむ

後ろ(裏)

前(表)

⑥袖口も
②〜⑤と
同様にくるむ

1

0.1〜0.2

⑤表側から
ミシン

袋布B
(表)

0.5

①ミシン

④折り山を縫い目に
合わせ、ねじれない
ようにしつけをする

しつけ

②長さをそろえて
バイアステープを
カットして
中表に合わせて
縫い代は割る

1

0.8

③中表に合わせ
折りを広げて
ミシン

バイアステープ(裏)

7 ボタン穴を作り、ボタンをつける

前中心

前中心

ボタン穴の長さ
＝ボタンの厚み分
＋ボタンの直径

0.2
〜0.3

ボタンの直径

右前(表)

左前(表)

前端

q., r. ティーコゼとポットマット

写真　49 ページ
実物大パターン　**3** 面

【材料】ワンサイズ

表布：リバティプリント Mortimer（YE グレージュ）　108cm 幅　35cm

裏布：C&S 海のブロード（きなり色）　110cm 幅　35cm

別布：C&S フレンチコーデュロイ太うね（アイボリー）　横 65cm ×縦 65cm

キルト芯：90cm 幅　90cm

毛糸：並太毛糸（生成り）　適量

【出来上り寸法】ティーコゼ　縦 27cm× 横 34cm（ポンポンは含まない）

　　　　　　　　ポットマット　縦 16cm× 横 20cm

q. ティーコゼ

【作り方】

1　表布、裏布にキルト芯をそれぞれ重ね、ステッチをかける

2　表布、裏布をそれぞれ縫う

3　表布と裏布を重ね、口をバイアス布でくるむ

4　ポンポンをつける

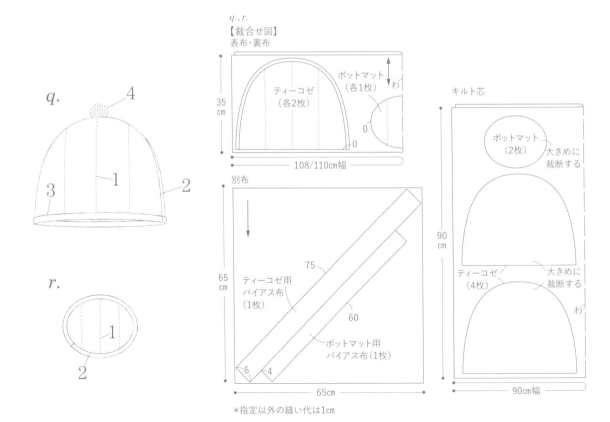

q.,r.
【裁合せ図】
表布・裏布

ティーコゼ
（各2枚）

ポットマット
（各1枚）

わ

35cm

0

0

108/110cm幅

別布

ティーコゼ用
バイアス布
（1枚）

75

ポットマット用
バイアス布（1枚）

60

65cm

6　4

65cm

キルト芯

ポットマット
（2枚）

大きめに
裁断する

ティーコゼ
（4枚）

大きめに
裁断する

わ

90cm

90cm幅

q.

4

3　1　2

r.

1

2

＊指定以外の縫い代は1cm

1 表布、裏布にキルト芯をそれぞれ重ね、ステッチをかける

2 表布、裏布をそれぞれ縫う

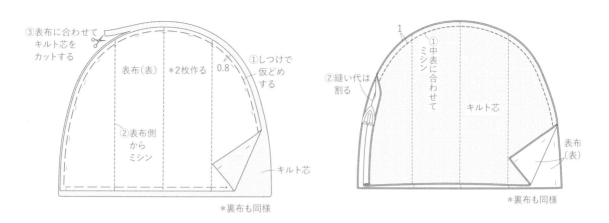

③表布に合わせて
キルト芯を
カットする

表布(表) *2枚作る

0.8

①しつけで
仮どめ
する

②表布側
からミシン

キルト芯

*裏布も同様

1

①中表に合わせて
ミシン

②縫い代は
割る

キルト芯

表布(表)

*裏布も同様

3 表布と裏布を重ね、口をバイアス布でくるむ

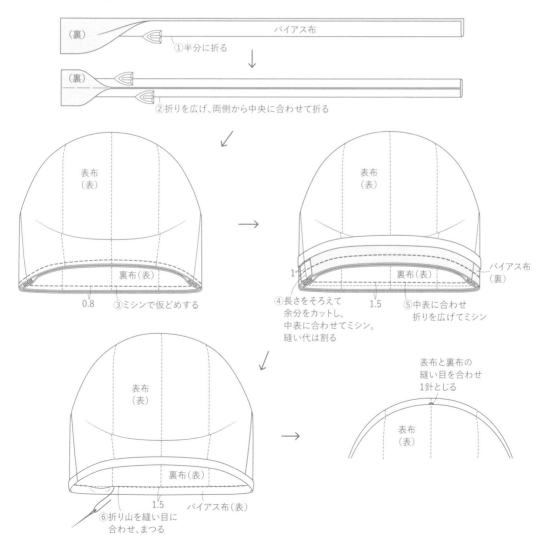

(裏)　バイアス布
①半分に折る

(裏)
②折りを広げ、両側から中央に合わせて折る

表布(表)

裏布(表)

0.8　③ミシンで仮どめする

表布(表)

裏布(表)

1　バイアス布(裏)

④長さをそろえて
余分をカットし、
中表に合わせてミシン。
縫い代は割る

1.5

⑤中表に合わせ
折りを広げてミシン

表布(表)

裏布(表)

1.5　バイアス布(表)

⑥折り山を縫い目に
合わせ、まつる

表布と裏布の
縫い目を合わせ
1針とじる

表布(表)

［ポンポンの作り方］

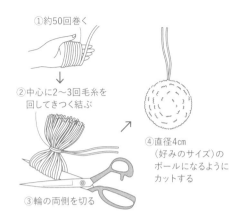

①約50回巻く

②中心に2〜3回毛糸を
回してきつく結ぶ

③輪の両側を切る

④直径4cm
（好みのサイズ）の
ボールになるように
カットする

4 ポンポンをつける

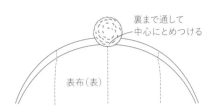

裏まで通して
中心にとめつける

表布（表）

r. ポットマット

【作り方】
1　表布、裏布にキルト芯をそれぞれ重ねてステッチをかける（p.107 1 参照）
2　表布と裏布を重ね、周囲をバイアス布でくるむ

2 表布と裏布を重ね、周囲をバイアス布でくるむ

＊バイアス布の折り方はティーコゼと同じ

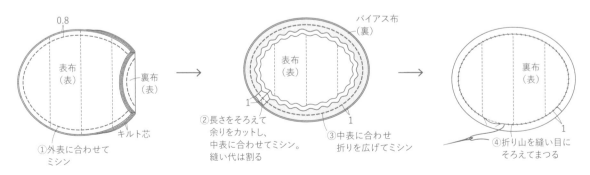

0.8

表布
（表）

裏布
（表）

キルト芯

①外表に合わせて
ミシン

バイアス布
（裏）

表布
（表）

1

1

②長さをそろえて
余りをカットし、
中表に合わせてミシン。
縫い代は割る

③中表に合わせ
折りを広げてミシン

裏布
（表）

1

④折り山を縫い目に
そろえてまつる

基礎

ボタンのつけ方

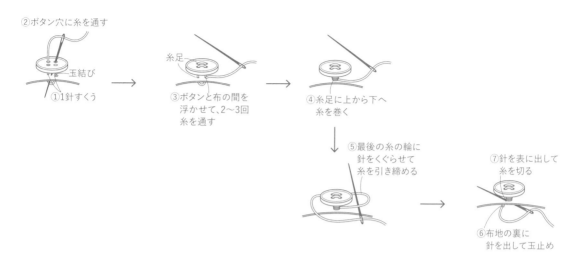

②ボタン穴に糸を通す

糸足

玉結び

①1針すくう

③ボタンと布の間を
浮かせて、2〜3回
糸を通す

④糸足に上から下へ
糸を巻く

⑤最後の糸の輪に
針をくぐらせて
糸を引き締める

⑦針を表に出して
糸を切る

⑥布地の裏に
針を出して玉止め

布ループの作り方

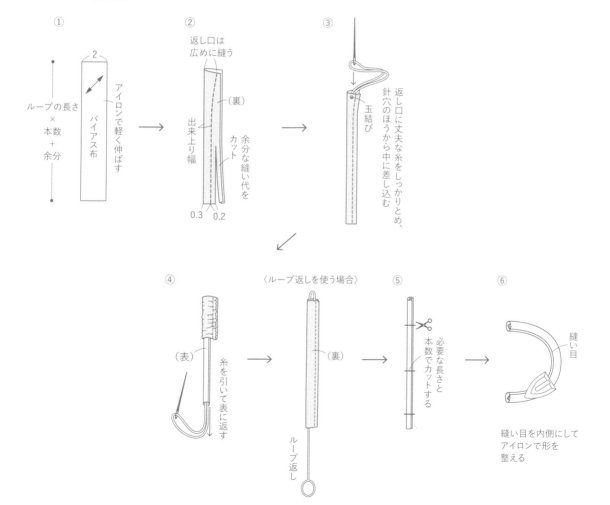

①

2

ループの長さ
×
本数
＋
余分

アイロンで軽く伸ばす

バイアス布

②

返し口は
広めに縫う

（裏）

出来上り幅

余分な縫い代を
カット

0.3　0.2

③

返し口に丈夫な糸をしっかりとめ、
針穴のほうから中に差し込む

玉結び

④

（表）

糸を引いて表に返す

〈ループ返しを使う場合〉

（裏）

ループ返し

⑤

必要な長さと
本数でカットする

⑥

縫い目

縫い目を内側にして
アイロンで形を
整える

ポケットの縫い方A

《準備》

・袋布A、Bのポケット口に
ジグザグミシンをかける

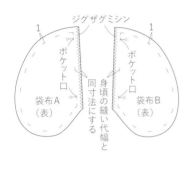

・前身頃のポケット口に接着テープをはり、
前後の脇にジグザグミシンをかける

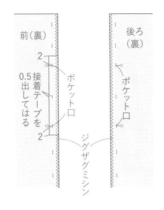

①ポケット口を残して脇を縫う。
縫い代は割る

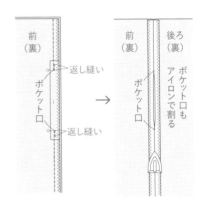

②前身頃の縫い代に袋布Aをまち針でとめ、
身頃側からポケット口にミシンをかける

③ポケット口の上下に切込みを入れて折り返し
袋布のポケット口にミシンをかける

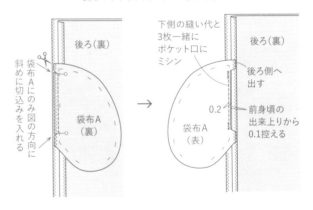

④袋布A、Bを中表に合わせて
後ろ身頃の縫い代に袋布Bを
まち針でとめ、身頃側から
ポケット口にミシンをかける

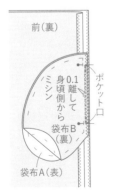

⑤袋布の周囲を縫い
ジグザグミシンをかける

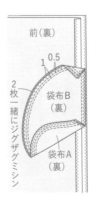

⑥後ろ身頃の縫い代に袋布の端を
ミシンでとめる。
袋布の上下を縫い代にまつる

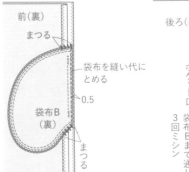

⑦身頃側から袋布Bまで通して
ポケット口の上下に3回ミシン
をかける

ポケットの縫い方B

《準備》

・袋布Aのポケット口に
ジグザグミシンをかける

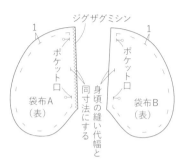

ジグザグミシン

1 1

ポケット口

ポケット口

袋布A（表）

袋布B（表）

身頃の縫い代幅と同寸法にする

・前身頃のポケット口に接着テープ をはり、
前ポケット口にのみジグザグミシンをかける

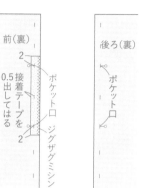

前（裏）

2

接着テープを0.5出してはる

2

ポケット口

ジグザグミシン

後ろ（裏）

ポケット口

①ポケット口を残して脇を縫う。
ポケット口の縫い代は割り、その他は
後ろ側に倒す

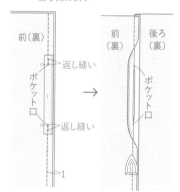

前（裏）

返し縫い

ポケット口

返し縫い

1

前（裏） 後ろ（裏）

ポケット口

②前身頃の縫い代に袋布Aをまち針でとめ、
身頃側からポケット口にミシンをかける

前身頃と袋布のポケット口を合わせる

後ろ（裏）

ポケット口

袋布A（裏）

→

前（裏）

0.1縫い代側にミシン

ポケット口

③ポケット口の上下に切込みを入れて袋布を折り返し
袋布のポケット口にミシンをかける

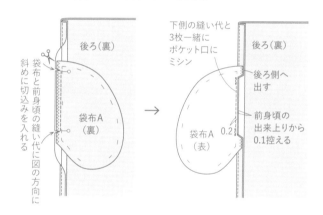

袋布と前身頃の縫い代に図の方向に斜めに切込みを入れる

後ろ（裏）

袋布A（裏）

→

下側の縫い代と3枚一緒にポケット口にミシン

後ろ（裏）

後ろ側へ出す

前身頃の出来上りから0.1控える

0.2

袋布A（表）

④袋布A、Bを中表に合わせて
後ろ身頃の縫い代に袋布Bを
まち針でとめ、身頃側から
ポケット口にミシンをかける

前（裏）

0.1離して身頃側からミシン

ポケット口

袋布B（裏）

袋布A（表）

⑤袋布の周囲を縫い
ジグザグミシン
をかける

前（裏）

0.5

1

2枚一緒にジグザグミシン

袋布B（裏）

袋布A（裏）

⑥後ろ身頃の縫い代に袋布の端を
ミシンでとめ、前後一緒にして脇の
ジグザグミシンをかける。
袋布の上下を縫い代にまつる

前（裏）

まつる

①袋布を縫い代にとめる

0.5

袋布B（裏）

③まつる

②前後の脇と袋布を一緒にジグザグミシン

⑦身頃側から袋布Bまで通して
ポケット口の上下に3回ミシン
をかける

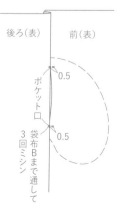

後ろ（表） 前（表）

0.5

ポケット口

0.5

袋布Bまで通して3回ミシン

企画・プロデュース・文　　在田佳代子（CHECK&STRIPE）

撮影・AD　　　　　　　　大段まちこ
AD・ブックデザイン　　　本田喜子
スタイリング　　　　　　荻野玲子
モデル　　　　　　　　　モトーラ世理奈
　　　　　　　　　　　　Rosa May Moran
ヘアメイク　　　　　　　Machiko Yano
ロンドンコーディネート　Yumi Hasegawa

洋服・小物デザイン　　　CHECK&STRIPE
パターン・作品製作　　　中村有里
　　　　　　　　　　　　CHECK&STRIPE

パターングレーディング　上野和博
作り方解説　　　　　　　助川睦子
トレース　　　　　　　　大楽里美
p.52-55撮影　　　　　　 安田如水（文化出版局）
DTP製作　　　　　　　 文化フォトタイプ
校閲　　　　　　　　　　向井雅子
編集　　　　　　　　　　三角紗綾子（文化出版局）

CHECK&STRIPE（COLOUR BOOKチーム）：　在田佳代子　辻岡雅樹　三浦千穂　印南 香　柴田宏美

パターン販売のご案内

この本に掲載している作品の写し取り不要でそのままカットして使えるパターンを販売しています。詳しくはこちら。

CHECK&STRIPE COLOUR BOOK　色を楽しむソーイングブック

2024 年 3 月 30 日　第 1 刷発行

著者　　CHECK&STRIPE
発行者　清木孝悦
発行所　学校法人文化学園 文化出版局
〒 151-8524 東京都渋谷区代々木 3-22-1
TEL. 03-3299-2487（編集）
TEL. 03-3299-2540（営業）
印刷・製本所　株式会社文化カラー印刷

文化出版局のホームページ
https://books.bunka.ac.jp/

9784579118267

1925077017005

ISBN978-4-579-11826-7
C5077 ¥1700E

定価1,870円(本体1,700円)⑩